ADAM LOTTMAN

PAR

PAUL FOUCART

MEMBRE DE LA COMMISSION HISTORIQUE DU NORD

PRÉSIDENT DE LA SOCIÉTÉ D'AGRICULTURE, SCIENCES ET ARTS
DE L'ARRONDISSEMENT DE VALENCIENNES

MEMBRE CORRESPONDANT DU COMITÉ DES SOCIÉTÉS DES BEAUX-ARTS
DES DÉPARTEMENTS

PARIS

TYPOGRAPHIE DE E. PLON, NOURRIT ET Cie

RUE GARANCIÈRE, 8

—

1894

ADAM LOTTMAN

Ce mémoire a été lu à la réunion des Sociétés des Beaux-Arts des départements, à l'École des Beaux-Arts, dans la séance du 28 mars 1804.

ADAM LOTTMAN

PAR

PAUL FOUCART

MEMBRE DE LA COMMISSION HISTORIQUE DU NORD

PRÉSIDENT DE LA SOCIÉTÉ D'AGRICULTURE, SCIENCES ET ARTS
DE L'ARRONDISSEMENT DE VALENCIENNES

MEMBRE CORRESPONDANT DU COMITÉ DES SOCIÉTÉS DES BEAUX-ARTS
DES DÉPARTEMENTS

PARIS

TYPOGRAPHIE DE E. PLON, NOURRIT ET Cie
RUE GARANCIÈRE, 8

1894

ADAM LOTTMAN

Vanité de la gloire humaine! Pendant près d'un demi-siècle,
Adam Lottman emplit de ses somptueuses décorations architectu-
rales et de ses sculptures quelques-unes des principales églises de
la partie méridionale des Pays-Bas espagnols et celle d'au moins
une ville de France; il donna successivement des preuves de son
talent à Valenciennes, à Saint-Omer, à Calais, à Douai, et probablement encore dans bien d'autres lieux; il pouvait donc se flatter
que la postérité retiendrait son nom. Par malheur pour lui, l'in-
différence des générations suivantes laissa attribuer à d'autres ou
devenir anonymes certains de ses ouvrages; puis surgit la Révolution, qui amena la destruction de la majeure partie d'entre eux
avec celle des édifices qu'ils ornaient. Depuis, de nombreuses pièces
découvertes dans les Archives départementales du Nord et du
Pas-de-Calais ont permis à quelques archéologues de se faire
une idée de son rôle artistique; mais personne n'a encore essayé
de grouper les notions qui en résultent et d'écrire une biographie
détaillée du vieux sculpteur. Nous avons voulu combler cette
lacune. Certes, notre travail paraîtra encore bien incomplet.
Néanmoins, tel qu'il est, il épargnera beaucoup de recherches
à ceux qui, plus tard, voudront traiter le même sujet, et, avec
moins de peine, il leur permettra de faire mieux que nous.

I

DATE PROBABLE DE LA NAISSANCE D'ADAM LOTTMAN. — SON ARRIVÉE A
VALENCIENNES. — IL Y EXÉCUTE UN JUBÉ DANS L'ÉGLISE NOTRE-DAME
DE LA CHAUSSÉE.

De ce qu'Adam Lottman a longtemps vécu dans la cité de Frois-
sart et y a laissé d'importants ouvrages, on a longtemps déduit

qu'il est né dans cette ville. C'est une erreur dont on doit revenir. En fouillant à la bibliothèque municipale de Valenciennes, les *Registres des Bourgeois et Choses communes* [1], l'archiviste Maurice Hénault y a, par hasard, en 1893, découvert une mention ainsi conçue, sur laquelle nous aurons à revenir plus tard :

« Mre Adam Lotman [2], natif de Couloigne-Ses-tesms : Jean de la Court, eschevin, et Hubert, le iiij d'avril 1631. »

Ce document précieux pose immédiatement une importante question : qu'est-ce que Couloigne ?

La première idée qui vient à l'esprit est d'identifier cette localité avec la ville des Rois Mages et de Sainte-Ursule, qui, dans la première moitié du quinzième siècle, avait déjà fourni à Valenciennes, où il avait fait souche, un orfèvre illustre, Hans Steclin [3]. Pour essayer de vérifier cette hypothèse, nous nous sommes adressé à M. Joseph Hansen, archiviste de Cologne, qui, le 21 octobre 1893, a bien voulu nous répondre ceci : « J'ai fait toutes les recherches « demandées sur Adam Lottman, mais sans le moindre résultat. « Les registres des églises remontent ici, quant aux baptêmes, à la « fin du seizième siècle. A cette époque, ils ne sont tenus que d'une « manière irrégulière et avec des lacunes. Adam Lottman y appa- « raît aussi peu que dans les rôles de la bourgeoisie du même « temps. »

En présence de ce résultat négatif, une autre hypothèse devait être formée. Non loin de Calais existe un petit village aujourd'hui nommé Coulogne, et que beaucoup d'anciens documents, entre autres le traité de Brétigny, conclu le 8 mai 1360 entre les rois de France et d'Angleterre, désignent sous celui de *Coloigne* ou *Cou-*

---

[1] Ms. 737 du Catalogue de Mangeart, n° 542, f° 230 v°.

[2] Dans les actes du temps, le nom de l'artiste est souvent écrit *Lotman*, tandis que lui-même signait *Lottman*, ainsi qu'on peut le voir par de nombreux documents insérés dans nos Pièces justificatives. C'est cette orthographe que nous avons adoptée.

[3] Dans son poème intitulé *la Couronne margueritique*, composé en 1503 et publié à Lyon en 1549, le poète Jean LEMAIRE, de Bavay, cite d'abord :

> . . . . .un Vallencenois
> « Gilles Steclin, ouvrier fort autentique »,

dont il fait l'éloge ; puis, en parlant de son père, il ajoute que

> . . . . .chascun scet la main fort prompte et seure
> « De Hans Steclin, qui fut né à Couloigne. »

loigne [1]. Il est tout voisin des pays flamands, à la langue desquels, par sa forme toute germanique, se rattache le nom de notre artiste. Si l'on songe, en outre, qu'ainsi que nous l'établirons, Lottman ne semble guère s'être écarté des contrées situées entre le cours supérieur de l'Escaut et la Manche, on considérera comme très vraisemblable sa naissance aux environs de Calais.

A quelle date eut lieu cet événement? En l'absence d'acte de baptême nous indiquant l'année où naquit le futur sculpteur, nous devons nous contenter, sur cette question encore, d'une hypothèse vraisemblable. Dans une lettre écrite de Saint-Omer, en 1658 [2], l'artiste parle de sa « grande vieillès », et se plaint d'être « presque « toujours détenu au lict ». Une *grande vieillesse*, cela peut signifier de soixante-quinze à quatre-vingts ans. Mettons soixante-quinze. Lottman serait donc né vers 1583. Nous verrons dans un instant que cette date s'accorde assez bien avec ce que nous savons de ses débuts dans les ouvrages importants.

Sous quel maître le jeune Adam apprit-il les éléments de son art? Par suite de quelles circonstances abandonna-t-il son lieu d'origine pour venir se fixer sur les bords de l'Escaut? On l'ignorera peut-être toujours. Un fait certain, c'est qu'en 1614 on le trouve installé à Valenciennes.

A toute époque, cette ville s'était montrée accueillante envers les étrangers et, depuis longtemps, était même devenue un lieu d'asile, caractère qu'elle avait conservé de par l'article premier de sa coutume de 1540, approuvée par Charles-Quint. En conséquence, celui qui, hors de son territoire, avait commis quelque homicide « de beau faict et léal », pouvait s'y faire admettre et en obtenir

---

[1] Voici comment s'exprime ce traité d'après RVNER, *Fœdera*, t. VI, p. 178, et DUMONT, *Corps diplomatique du droit des gens*, t. II, 1re part., p. 8 : « Item, « habebit rex Angliæ, castrum et villam de Caleys, castrum, villam et dominium « de Merk. Villas, castra et dominia de Sandgate, *Coloigne*, Hammes, Wale « et Oye. »

Dans la traduction française contemporaine placée en regard, le nom est écrit *Couloigne*.

Enfin, dans les cartulaires des abbayes de Samer et de Saint-Bertin, il est écrit *Coloigne*, *Couloigne*, *Couloingne*, *Coinloigne*, etc., selon, probablement, le dialecte picard, wallon, normand ou bourguignon que parlait le scribe.

Nous devons ces renseignements à M. Jules Finot, archiviste départemental du Nord.

[2] Pièces justificatives, n° 42.

« la franchise », à la condition de s'y tenir paisible « sans prendre
« noise ne debatz à autrui [1] ». A plus forte raison les hommes dis-
tingués qu'attirait le désir d'y exercer un art ou un commerce y
étaient-ils les bienvenus. Ils y vivaient libres et protégés, mais sans
jouir des hautaines prérogatives auxquelles donnait seul droit le
titre envié de bourgeois de Valenciennes.

Pour venir y pratiquer la sculpture, le moment était favorable,
car cette ville manquait alors d'artistes de talent. Après les terribles
épreuves par lesquelles elle avait passée, le contraire seul aurait
lieu de surprendre. Ravagée en 1566 par les calvinistes iconoclastes, assiégée en 1567 par les Espagnols, terrorisée ensuite par le
Conseil des Troubles ou « Conseil de sang » ; qui y livra au glaive
et à la potence plus de cent victimes, décimée en 1571 par la
peste, partiellement incendiée en 1572, terrorisée de nouveau par
des noyades de prisonniers protestants, elle ne commença à retrou-
ver quelque repos qu'à partir de l'année suivante, où fut proclamée
une amnistie [2]. Bientôt après, le gouvernement d'Albert d'Autriche,
puis, à partir de 1598, son règne à titre de souverain indépendant
conjointement avec l'infante Isabelle-Claire-Eugénie, y favorisè-
rent, comme dans toute la portion demeurée espagnole des Pays-
Bas, l'amélioration de l'état économique et les manifestations des
arts, tout en y maintenant par la force une piété méticuleuse et
timorée.

Durant les calamiteuses années que la ville venait de traverser,
l'antique confrérie de Saint-Luc, fondée en 1460, d'après Simon
Le Boucq [3], et définitivement organisée le 18 décembre 1462,
grâce au grand peintre amiennois Simon Marmion, s'était confon-
due avec celle des selliers et « armoyeurs » sous le patronage de
saint Georges. Mais dès 1588 avait été, à cet ensemble corporatif,
accordée une nouvelle charte décidant que tous les apprentis de-
vraient désormais subir l'épreuve du chef-d'œuvre s'ils voulaient

[1] Voir CELLIER, *Recherches sur les institutions politiques de la ville de Valenciennes*, ch. XVI.

[2] Voir un récit plus détaillé de ces événements dans notre étude sur *les Peintures de Martin de Vos à Valenciennes*, et, mieux encore, dans l'ouvrage
de M. Émile CARLIER, intitulé *Valenciennes et le roi d'Espagne au seizième
siècle*.

[3] *Histoire ecclésiastique de la ville et comté de Valenciennes*, rédigée en 1650,
imprimée à Valenciennes en 1844, p. 18.

arriver à la maîtrise[1]. Puis, quelques années après, « Jean « Ghien », Adrien de Montigny, Aldebert Ansel, maistre Jean Fré- « hault, Sébastien Ghiens, Jean Joseph, Jean de Sen, Charles « le Mesureur, et Jacob Fieger, tous peintres et tailleurs d'images », avaient mis en contraste, devant les prévôt, jurés et échevins de Valenciennes, leur misère présente avec la prospérité de certains artistes contemporains comblés d'honneurs et de richesses « par les « plus grands... roys ». Recherchant ensuite les causes de cette misère, ils avaient déclaré les trouver dans « la négligente invoca- « tion » du patron de l'art, « Monseigneur Saint-Luc », et dans la confusion, en une même confrérie, des véritables artistes avec des hommes exerçant des métiers purement manuels. « Comme pré- « sentement », avaient-ils ajouté, « lesdits peintres et sculpteurs se « trouvent en nombre assez suffisant pour être érigés en une bran- « che à parte et entretenir une chapelle particulière, et que, par « l'invocation de Monseigneur saint Luc, qu'ils désirent avoir « pour leur patron, ils espèrent grande augmentation, prospérité « et accroissement leur estre eslargy par la grâce divine », ils avaient demandé leur érection en confrérie particulière, sauf à indemniser celle où ils avaient, durant longues années, trouvé refuge et hospitalité. Leur prière avait reçu un accueil favorable, et, à la requête de Charles Desmaretz, lieutenant du prévôt Le Comte, le prévôt de Valenciennes, sire Arnauld de Bassecourt, seigneur de Bruille, leur avait, le 18 avril 1608, octroyé, en qua- rante-quatre articles, la charte sollicitée. Désormais autonomes, ils étaient placés sous l'autorité d'un connétable assisté de deux maî- tres que désignaient leurs suffrages[3].

D'après l'article 15 de la nouvelle charte, ceux qui voulaient se livrer à la peinture ou à la sculpture « pour en pouvoir besogner « ou en tenir ouvroir, boutique ouverte ou férée, en cette ville ou « banlieue d'icelle », devaient d'abord exécuter un chef-d'œuvre,

---

[1] *Bourgeois et choses communes*, f° 139, et Archives, série H, n° 362.

[2] Voir, relativement à Jean Ghien ou Ghiens, et à Adrien de Montignies, notre étude sur *les Peintures de Martin de Vos à Valenciennes*.

[3] La requête des artistes et la charte de la nouvelle corporation sont reproduites dans un manuscrit conservé aux Archives de Valenciennes, H 2, 320, et dont nous reparlerons plus loin. La requête a été intégralement publiée dans l'*Histoire des métiers de Valenciennes et de leurs saints patrons*, de M. Cappliez, p. 319 et 320.

et ce chef-d'œuvre consistait, quant aux sculpteurs, à « faire ou
« tailler une image de cinq pieds d'hauteur, soit de pièce de bois,
« terre, cire, plâtre ou autre matière semblable, avec son capi-
« teau et bassement ». Dès qu'il se fut installé à Valenciennes,
Adam Lottman dut évidemment se soumettre à cette exigence. La
perte du livre-journal et des premiers volumes de comptes de la
corporation de Saint-Luc ne nous permet pas de dire à quelle
date[1].

Parmi les dix églises paroissiales de Valenciennes figurait celle
de Notre-Dame de la Chaussée, fondée, dit-on, par Pépin le Bref,
sur la voie romaine de Famars à Tournai. Elle se composait d'une
seule nef, flanquée de chapelles, et d'un clocher construit en 1396[2].
Après avoir, en 1566, été saccagée comme tous les autres édifices
religieux de la ville, à l'exception de la chapelle de l'hôpital, elle
s'était depuis enrichie d'une table d'autel représentant l'*Adoration
des Mages* et peinte en 1599 par Martin de Vos, artiste que son
mariage avait fait l'allié de l'une des principales familles de Valenciennes[3]. Quelques années après, désireux de continuer l'em-
bellissement de leur église, les paroissiens résolurent d'y construire un jubé ou doxal, et ils en confièrent l'exécution à Adam
Lottman.

La première pierre de cette construction fut posée en 1614, par
le prévôt Hugues de Bassecourt, et l'œuvre entière fut inaugurée
en 1617, lors de la procession annuelle du 8 septembre. En vertu
d'une délibération prise le 23 mai 1616 par le Conseil particulier
de la ville, celle-ci, en considération de l'honneur fait au prévôt, y
contribua par un don de 500 florins. Tant pour la construction
proprement dite que pour la sculpture, la dépense s'éleva à
3,300 florins, somme à laquelle doit être ajoutée la valeur de
piliers (de marbre sans doute) et d'ornements de cuivre qu'offri-
rent quelques « zéleux paruischiens ». En reconnaissance, le nom
et les armes de ces généreux donateurs furent gravés sur le jubé[4].

---

[1] Voir, sur ces livres, notre étude sur *Antoine Watteau* à Valenciennes, dans
le *Compte rendu de la session du Congrès des Sociétés des Beaux-Arts* de 1892.

[2] On en trouve un dessin dans l'*Histoire ecclésiastique* de Simon LE BOUCQ.

[3] Voir encore, pour plus de détails, notre étude sur *les Peintures de Martin de
Vos à Valenciennes.*

[4] Nous tirons tous ces renseignements de Simon LE BOUCQ, ch. XXIX.

Si notre hypothèse, quant à la date de naissance d'Adam Lottman, est exacte, l'artiste avait trente et un ans lorsqu'il en commença l'exécution. C'est un âge où, avec toute l'ardeur de la jeu-
nesse, l'homme a d'ordinaire acquis assez d'expérience et de
maturité pour commencer à donner sa mesure. Simon Le Boucq,
qui, ainsi que nous le verrons plus tard, se trouva plus d'une fois
en rapports personnels avec Adam Lottman, l'a qualifié, au sujet
du jubé de Notre-Dame de la Chaussée, de « sculpteur fort rare,
« comme l'œuvre le témoigne ». Nous avons ainsi la preuve que
cette entreprise lui fit honneur et consolida sa réputation [1].

II

ADAM LOTTMAN EXÉCUTE UN JUBÉ DANS L'ÉGLISE DE L'ABBAYE DE SAINT-BERTIN, A SAINT-OMER. — IL VIENT HABITER CETTE VILLE.

Une autre preuve, ce sont les pourparlers que, peu de mois
après l'inauguration du jubé de Notre-Dame de la Chaussée, noua
Adam Lottman pour l'exécution d'un second ouvrage du même
genre, mais d'un prix plus de sept fois supérieur, avec les manda-
taires de la célèbre et superbe abbaye bénédictine de Saint-Bertin,
à Saint-Omer. Rapprochement curieux! au quinzième siècle,
le maître-autel de leur église avait été décoré d'un splendide
retable dû à des artistes habitant Valenciennes et qui, selon
toutes vraisemblances, n'étaient autres que Hans et Gille Steclin pour l'orfèvrerie, Simon Marmion pour la peinture [2]; et,
deux siècles après, c'est à un sculpteur domicilié dans la même
ville que l'abbaye de Saint-Bertin allait devoir une décoration
nouvelle.

À sa tête se trouvait alors, depuis le 31 décembre 1611, l'An-
versois Guillaume de Loëmel, ou Van Loëmel, qui, ami des arts,

[1] A une date que nous ne pouvons préciser, d'autres embellissements furent
encore apportés à l'église Notre-Dame de la Chaussée. Nous trouvons, par exemple,
dans les Archives de Valenciennes, une quittance ainsi conçue : « Débours faits
« pour l'église de la Chaussée. — Payez par quitans à Baudouin le Roy et Gille
« de Marc, sculpteurs, a conte de la main d'œuvre de la chaire prédicatoire.....
« .. ij^c^xl l. » (240 livres).

[2] Voir les *Recherches sur le retable de Saint-Bertin et sur Simon Marmion*,
par M. Dehaisnes, publiées en 1892.

avait en 1613 fait don, au nouveau dortoir de l'abbaye, de verrières coloriées, et, à son église, d'un ostensoir en vermeil, ainsi que d'une statue de Notre-Dame de Sichem. Quelques années après, il voulut laisser de son administration un souvenir plus important encore en dotant cette église d'un doxal, genre d'ornement devenu tout à fait à la mode[1].

Ce doxal, nous le connaissons surtout par le marché passé pour sa construction, à Saint-Omer, le 18 juillet 1618, devant les sieurs Desmons et Queval, notaires des archiducs, entre l'abbé Guillaume d'un côté, Adam Lottman et un sieur Guillaume Tabaguet, maître des carrières de marbre de Dinan, de l'autre. Ce marché est très long et fort surchargé de détails. Nous négligerons nombre de ceux-ci, pour nous efforcer de mettre en relief les lignes principales de l'entreprise[2].

Sur sa face principale, qu'accompagnaient deux retours latéraux, le doxal se composait essentiellement de trois voûtes pleines, appuyées sur huit colonnes réunies par couples, et au-dessus de chaque groupe desquelles était creusée une niche renfermant une statue. Sur le tout régnaient une première architrave, une première frise et une première corniche. Celle-ci portait douze colonnes entre huit desquelles s'étendaient quatre tables de pierre de touche ayant devant elles « quatre domes avecq leurs coupes et « fleurons d'albastre ». Sur la même corniche, dix hauts reliefs, simulant des tapis jetés du chœur vers la nef, représentaient les divers épisodes de la vie de saint Bertin. Entre ces hauts reliefs, au-dessus de la clef de chacune des trois arcades inférieures, une niche était garnie de figures. Par-dessus régnaient une nouvelle architrave, une nouvelle frise et une nouvelle corniche, celle-ci surmontée de « nœuf timpanes, comprises deux aux retours pour « mettre des chandelliers ».

Les deux voûtes des extrémités laissaient apercevoir deux riches sépultures. L'église étant, comme la plupart de celles de l'époque

---

[1] H. DE LAPLANE, *les Abbés de Saint-Bertin, d'après les anciens monuments de ce monastère*, t. II, p. 221 et suiv.

[2] Il est conservé aux Archives départementales du Pas-de-Calais, série H, Saint-Bertin, Registre du Conseil, 1618-1646, f⁰ˢ 4-17. — On le trouvera reproduit dans le 3ᵉ volume du *Bulletin historique de la Société des antiquaires de la Morinie* (année 1863), et dans nos Pièces justificatives, n° 1.

ogivale, orientée de l'est à l'ouest, la sépulture du côté nord devait présenter au centre l'image du « Salvateur » ; de dix pieds de haut, placée entre les portraits de deux prélats joignant les mains, chaque prélat ayant au-dessus de lui ses armoiries. Celle du côté sud devait montrer une disposition analogue : au centre, l'image de « Notre-Dame » placée entre l'effigie d'un abbé agenouillé, mitré et crossé, et celle de saint Guillaume. »

Sous la voûte centrale, un portail de six pieds de large, et de hauteur proportionnée, conduisait au chœur. Au-dessus de ce portail devait être sculpté un aigle enveloppant de ses ailes et tenant dans ses serres, d'un côté les armoiries de l'abbaye, de l'autre celles de Guillaume de Loëmel.

Le côté qui regardait le chœur n'était guère moins riche que l'autre : avec ses huit colonnes et ses trois arcades, il en reproduisait les dispositions principales. La porte centrale avait la forme d'un arc triomphal et était flanquée de deux autres portes fermant les escaliers qui permettaient de monter sur le doxal. Au-dessus régnait une riche balustrade.

Le doxal devait avoir soixante-huit pieds et demi de longueur, compris les retours, et de vingt-sept à vingt-huit pieds de haut, chaque pied étant de dix pouces, selon l'usage de Saint-Omer. Il reposait sur une marche de marbre noir. Les matériaux les plus riches y étaient prodigués ; le marbre blanc et le marbre noir, le jaspe, la pierre de touche, l'albâtre, dans lequel étaient taillés les statues, les bas-reliefs et les ornements des frises, venaient, par la diversité de leurs tons, souligner les différentes parties du monument et y ajouter les magnificences de la couleur à celles de la forme.

Les pierres et toutes les autres matières devaient constituer de « bonne et léalle marchandise bien pollie et lustrée, les jaspes « aussy beaux que celluy des deux termes livrez par M. Guil- « laume Tabaget pour la table d'autel de l'église du Noviciat de la « compagnie de Jésus à Tournay ». Ces jaspes devaient venir de Rance, dans le Hainaut[1].

Sauf le fer, le plomb et la maçonnerie, Tabaguet et Lottman

---

[1] Rance (ou Rans) est situé non loin de Thuin et de Charleroi. Le marbre qu'on y exploitait était d'un rose jaunâtre pâle, tacheté de brun et de blanc. Ses carrières ont été fermées vers le milieu du dix-neuvième siècle.

étaient tenus de livrer tous les matériaux nécessaires à la construction du doxal, et de racheter au prix coûtant de deux à trois cents pieds cubes d'albâtre existant en provision dans les magasins de l'abbaye.

Trois ans leur étaient donnés pour achever l'ouvrage, qu'ils devaient commencer, au plus tard, le jour de la Toussaint de l'année 1618. Dans le délai de six mois, ils devaient livrer un petit modèle en relief, avec devis détaillé sur parchemin. Le prix stipulé était de 23,000 florins payables en trois termes, à la Toussaint de chacune des années 1619, 1620 et 1621. S'il était satisfait, l'abbé devait, en outre, donner à Adam Lottman cent cinquante florins pour un habit, et à lui, ainsi qu'à Tabaguet, chacun « une vaisselle ».

Si, les trois ans expirés, Tabaguet n'avait pas livré toutes les pièces d'architecture, ou Adam toutes les pièces de sculpture « bien et duement conditionnées et façonnées », celui des deux qui aurait exécuté son obligation pourrait reprendre la part du défaillant « et tirer le gaignage à l'advenant ».

Pour garantir l'exécution du contrat, le prélat engageait tous les biens de son église et de son abbaye. Par réciprocité, les deux entrepreneurs engageaient sans division ni discussion envers le prélat, et chacun envers l'autre, tous leurs biens et héritages présents et à venir. En cas de différend, ils élisaient à juges « les grands et « privés consaulx de Leurs Altèzes sérénissimes et de son Altèze « de Liège, et tous juges provinciaulx et subalternes des Estats « desdictz Princes, et pour domicile, la maison de chacune ville « subjecte et obéissante ausdictz Princes ».

Au moment où il signait le traité, Adam Lottman se déclarait domicilié à Valenciennes. Mais il s'obligeait formellement à venir travailler dans l'abbaye même « sans la pouvoir quicter, disconti- « nuer ny travailler à aultrez ouvraiges avant l'achèvement de « celles cy-dessus »; et comme il devait commencer avant la Toussaint suivante, nous connaissons par là, avec toute la précision nécessaire, l'époque où il vint pour la première fois se fixer à Saint-Omer.

Plus de deux années se passèrent à exécuter les modèles et à tailler les matériaux du jubé. Puis on s'occupa d'en creuser les fondations, ce qui fit découvrir beaucoup de tombeaux anciens

intérieurement ornés de peinture, entre autres ceux d'un Allart
Trubert, mort le 25 août 1425, et d'un Jean de Gribeauval, mort
en 1447. La première pierre du jubé fut posée en 1621 ; elle
portait les armes de l'abbaye avec celles de l'abbé, et était accompagnée d'une ardoise où était légèrement tracé le récit de la cérémonie [1]; le grand prieur et les officiers de la maison posèrent également chacun une pierre. En outre, à ce que nous apprend le
Grand Cartulaire de l'abbaye de Saint-Bertin, rédigé par dom
Charles de Witte [2], « dans les fondations on établit trois caveaux
« voûtés ; l'un dans le milieu en entrant dans le chœur, les deux
« autres de chaque côté, pour y inhumer alternativement les abbés
« de Saint-Bertin. — Au mois de mars 1622, ces fondations étant
« achevées et réparées depuis l'année dernière, on commença à
« monter les colonnes de marbre, au nombre de seize, dont huit
« sur le fond et huit sur le devant, de la hauteur d'environ douze
« pieds. » On travailla en même temps aux médailles de l'abrégé
« de la vie de saint Bertin, ainsi qu'aux figures des quatre vertus
« cardinales : la *Force*, la *Justice*, la *Prudence*, la *Tempérance*; et
« à celles des trois premières vertus : la *Foi*, l'*Espérance* et la *Cha-*
« *rité*, laquelle dernière se trouve au milieu du jubé, et à celles de
« *David*, de *Moïse*, et à toutes les décorations, telles que groupes,
« cornes d'abondance, bouquets, etc., qui devaient être posées et
« appliquées audit jubé, et le tout en différentes sortes de marbre. »

Par cet intéressant passage, nous connaissons le sujet des principales figures qui décoraient le jubé ; et par le mot de « médailles »
employé pour qualifier les épisodes de la légende de saint Bertin
figurés en haut relief sur les tapis de marbre « jetés du chœur vers
« la nef », nous apprenons que ces hauts reliefs étaient ronds.
Mais que représentaient-ils [3] ? C'était probablement la naissance du

---

[1] Cette pierre et cette ardoise ont été retrouvées dans des fouilles exécutées
sur l'emplacement de l'église abbatiale. Elles sont aujourd'hui conservées au
Musée de Saint-Omer.

[2] Tome X. Ce recueil, en onze volumes grand in-folio de texte et deux volumes
in-8º de tables, est intitulé : *Le Grand Cartulaire, ou Recueil général des
chartes et titres de l'abbaye de Saint-Bertin.* Il est aujourd'hui conservé à la
Bibliothèque de Saint-Omer. L'auteur de cet ouvrage, archiviste de l'abbaye jusqu'en 1790, passa, avec une persévérance admirable, tout le reste de sa vie à le
rédiger, et mourut à Saint-Omer le 30 août 1807.

[3] Les rédactions les plus anciennes de la légende de saint Bertin ont été reproduites dans les *Acta sanctorum Belgii*, t. V.

futur saint sur les bords du lac de Constance, sa profession religieuse dans l'abbaye bénédictine de Luxeuil, son arrivée dans le pays des Morins avec ses compagnons Momelin et Ebertramme, auprès de saint Omer, évêque de Thérouanne; son embarquement sur une nacelle qui, guidée par un ange et poussée par le cours de l'Aa, s'arrêta à Sithiu, où il devait élever un monastère; sa guérison miraculeuse du leude Waldbert, possesseur de la ville d'Arques, qui s'était cassé la jambe; l'entrée dans son couvent de quatre jeunes frères nobles et bretons, parmi lesquels Winnox; sa tentation par le démon métamorphosé en jeune fille et que chassa saint Martin; enfin, sa mort et l'enlèvement de son âme au ciel. Un seul des sujets traités sur le jubé nous est positivement connu par le témoignage d'un écrivain du dix-huitième siècle, dom André Loman, l'un des annalistes de l'abbaye : c'est un épisode se rattachant non à la vie du saint, mais à l'histoire de ses successeurs et représentant Athala, ou Adèle, princesse de Flandre, qui, au dixième siècle, parvint à franchir le seuil, jusque-là interdit aux femmes, du monastère de Sithiu. Le même auteur nous apprend que certaines autres sculptures se rapportaient au Nouveau Testament[1].

Guillaume de Loëmel ayant été, le 18 février 1623, emporté par une attaque d'apoplexie foudroyante, à l'âge de soixante-trois ans, et après avoir gouverné son monastère durant onze années, fut enterré dans l'un des cavaux du jubé, « auquel on mit la dernière pièce principale le jour de son trépas[2] ». Sur cette tombe fut fixée une lame de cuivre avec une inscription que dom Charles de Witte nous a conservée[3].

---

[1] « Illic videre est sculpturam mirabili opere consummatam; ingrediendo, « virtutes tum theologicæ, tum cardinales, puellarum œnigmate representantur « in columnis, ita ut loquentes et vivas crederes; variæ etiam novi testamenti « historiæ, quasi in quadratis tabulis cernuntur; è choro autem historia Adelæ « Flandriæ comitissæ, cum admiratione conspicitur » (p 118). Le manuscrit de l'*Historiæ compendium...* d'André Loman appartenait, en 1855, à M. Le Glay, avocat à Douai.

[2] H. DE LAPLANE, *les Abbés de Saint-Bertin*, t. II, p. 248.

[3] *Grand Cartulaire*, t. X. Elle est reproduite par H. DE LAPLANE, t. II, p. 248.

III

EXÉCUTION, DE 1624 A 1629, D'UN RETABLE DANS L'ÉGLISE NOTRE-
DAME DE CALAIS. — LÉGENDE DU VAISSEAU GÉNOIS. — PART DE
LOTTMAN DANS LE RETABLE [1].

A peine Adam Lottman avait-il terminé son jubé de Saint-Bertin
qu'un travail tout aussi considérable lui fut demandé : le maître-
autel de l'église Notre-Dame à Calais, maître-autel arrivé presque
intact jusqu'à nous et qui nous permet, par un échantillon important, de nous faire une exacte idée de son talent.

Médiocre édifice dont les principales parties datent du quinzième
siècle, cette église, à trois nefs, est extérieurement construite en
briques, avec une tour à base carrée. L'un de ses transepts, celui
du nord, se termine par une grande fenêtre de style Tudor,
flanquée de deux tours de pierre qui lui donnent un vague aspect
de forteresse. Elle a toujours été de peu d'importance et ne sem-
blait guère digne de la luxueuse ornementation qui allait ainsi lui
être octroyée [2].

Le retable de Calais a une largeur totale de 10^m,57 ; sa hauteur
est de 16^m,95 [3].

Composé de marbre de diverses couleurs, de pierre de touche,
d'albâtre, il s'élève contre un mur ménagé entre deux piliers du
chœur de l'église, de la grande nef de laquelle il occupe toute la
largeur et toute la hauteur.

Verticalement, il se divise en trois parties. La partie centrale,
plus large, se compose d'une table d'autel surmontée d'un tabernacle. Au-dessus s'étend une vaste toile cintrée représentant l'*Assomption de la Vierge,* surmontée elle-même d'une niche renfermant
l'image de Marie, que domine celle de son fils. Les deux parties

---

[1] Pour toute cette partie de notre travail, nous avons abondamment puisé dans
un Mémoire qu'en 1885, à la prière de M. Van Grutten, alors maire de Calais, a
bien voulu nous envoyer M. Reboul, archiviste de la ville, à qui nous adressons
tous nos remerciements. Nous avons nous-même, à plusieurs reprises, examiné
avec soin le retable.

[2] On en trouve, dans les *Antiquités nationales* de MILLIN, t. IV, publié en 1792,
une vue d'un aspect plus grandiose qu'elle n'a en réalité.

[3] Voir ci-après, planche I.

latérales ne diffèrent que par les statues dont elles sont ornées. Elles comprennent d'abord un soubassement qui s'arrête à la partie supérieure du tabernacle, auquel correspondent quatre niches renfermant les quatre Évangélistes. Au-dessus se dressent deux à deux quatre colonnes composites, d'une hauteur un peu moindre que celle de la toile de l'*Assomption*, entre chaque groupe desquelles est creusée une niche richement décorée. La première renferme la statue de *Charlemagne*, la seconde celle de *saint Louis*. Ces colonnes sont surmontées de l'entablement général du retable. Chacun de leurs groupes supporte un fronton coupé sur les rampants desquels s'appuient deux anges tenant les extrémités d'une guirlande, et dont le milieu est occupé par un piédestal supportant les statues, d'un côté, de la *Foi*, de l'autre, de l'*Espérance*. Ces deux statues sont placées à peu près à la hauteur de celle de la Vierge, de telle sorte que l'image du Christ domine le tout.

Après ce coup d'œil d'ensemble, examinons séparément chacune des parties du retable.

Faite d'un beau marbre blanc veiné de gris, la table d'autel a 3^m,45 de longueur et 1^m,30 de hauteur. Le tabernacle, placé immédiatement au-dessus, est haut de 1^m,52. C'est l'une des parties les plus riches du retable. Il est formé de pierre de touche noire taillée à trois pans, avec une frise d'albâtre couverte de gracieux rinceaux délicatement sculptés. Dans chacun des pans de droite et de gauche se creuse une niche et, dans cette niche, de petites statues, hautes de 65 centimètres, représentent deux prêtres portant des vases sacrés; au-dessous et au-dessus, des têtes d'anges déploient leurs ailes. Sur la face antérieure est sculpté un calice surmonté d'une hostie lançant des rayons. Le tabernacle est coiffé d'une coupole d'albâtre avec des arêtes en pierre de touche, et il se termine par une lanterne en albâtre sur laquelle perchait jadis un pélican. Les accotements de ce tabernacle sont formés de deux bas-reliefs carrés, en albâtre, représentant, l'un les *Israélites recevant la manne*, l'autre *la Cène*. Le premier comprend quatorze personnages, le second treize, et Millin les considérait comme des chefs-d'œuvre de sculpture[1]. Ils sont encadrés dans des châssis à moulures, en pierre de touche noire, ornés de coquilles, de fruits,

---

[1] Tome IV, *Calais*, p. 7.

RETABLE DE L'ÉGLISE NOTRE-DAME

À Calais

PAR ADAM LOTTMAN

de feuillages et de pointes de diamant en albâtre. Chacun d'eux est dominé par un fronton à enroulements où une figure chimérique offre à manger à deux aigles, et sur les rampants desquels sont couchés des chérubins gardant des urnes enflammées. La base et la corniche de l'entablement, ainsi que de ses accotements, sont en pierre de touche. Tout l'entablement est supporté par six colonnes faites de marbre rouge et blanc, et hautes d'un mètre avec leurs chapiteaux d'albâtre, d'ordre composite comme tous ceux du rétable. Six têtes d'anges décorent la frise, et, au-dessus, autant de statuettes d'albâtre portaient jadis les instruments de la Passion. Il n'en reste que deux.

La vaste toile qui surmonte le tabernacle et qui, nous l'avons dit, représente l'*Assomption de la Vierge*, a 3ᵐ,17 de largeur et, par sa hauteur, qui est de 4ᵐ,87, atteint la corniche de l'entablement général du retable, dont elle coupe la frise. Cette œuvre porte l'inscription : *Gerardo Segers fecit anno* 1628. Né à Anvers en 1591, Gérard Seghers avait donc trente-sept ans lorsqu'il l'exécuta. Après avoir imité Manfredi et avoir assombri encore sa couleur à la suite d'un voyage en Espagne, il s'était mis plus tard à l'éclaircir sous l'influence du grand maître de Siegen, auprès duquel il avait travaillé dans l'église des Jésuites de sa ville natale. Son talent était alors en pleine force.

L'œuvre de Seghers est d'une chaude couleur, où dominent les tons jaunâtres. Entourée d'anges et d'angelets, la Vierge monte déjà au ciel, vers lequel elle lève les yeux en ouvrant les bras. Elle porte un corsage vert et une jupe blanche. A son élégance un peu banale, je préfère de beaucoup la grâce de ses serviteurs ailés. Dans la partie inférieure de la toile, le tombeau ouvert et vide laisse voir un linceul plein de roses, que recueillent deux jeunes femmes aux figures charmantes. Des apôtres et des gens du peuple s'approchent pour contempler le miracle. L'un d'eux, vieillard à barbe blanche, à robe verte et à manteau jaune, est du plus beau caractère. Derrière lui, à droite, un second vieillard, vêtu d'une robe rouge, écarte les mains en signe d'étonnement. — De l'autre côté, à gauche du tombeau, un troisième vieillard, au front dégarni et à la longue barbe, se tient à demi agenouillé; vêtu d'une robe violette et d'un manteau blanc, il porte la main droite vers la poitrine, appuie la gauche sur un livre et regarde le ciel. — Diverses figures accessoires, vues à mi-corps ou en buste, complètent la composition.

Celle-ci est belle et tout à fait digne du noble talent de son auteur. Néanmoins, à la critique déjà adressée par nous à la figure de la Vierge doit s'en joindre une autre, relative à la faible animation du groupe inférieur. Dans ses toiles du musée de Bruxelles et de la cathédrale d'Anvers consacrées au même sujet, Rubens peint plus énergiquement la surprise et l'admiration.

Au-dessus du grand entablement que vient couper la toile de Seghers, se dresse un piédestal sur la table duquel est inscrite une date : 1628, et qu'en 1830 ornait encore un écusson à trois fleurs de lis. Ce piédestal est surmonté d'un baldaquin recouvrant la statue de la Vierge dont nous avons déjà parlé, statue de 2 mètres de hauteur. Marie tient un sceptre dans la main droite, son fils du bras gauche, et, ayant derrière elle un croissant de lune, foule aux pieds un dragon. Le baldaquin dont nous venons de parler est flanqué de deux colonnes de marbre de Rance jaspé, hautes de 2^m,30, outre la base et le chapiteau, qui sont d'albâtre ; deux autres colonnes s'élèvent en arrière. Ensemble, elles soutiennent un riche entablement de pierre de touche et d'albâtre au-dessus duquel, sur un petit piédestal, se dresse une statue de 1^m,58. C'est le Christ, tenant une croix de la main gauche et bénissant de l'autre. Cette statue présente une particularité curieuse sur laquelle nous aurons à revenir, quand nous nous efforcerons de déterminer la part exacte de Lottman dans l'exécution du retable. Elle est accompagnée de deux chérubins adorateurs, hauts de 1^m,25, et surmontant chacun l'une des colonnes posées en arrière.

Nous en avons fini avec la porte centrale du retable. Ses deux parties latérales nous arrêteront moins longtemps. Nous en avons déjà donné une esquisse. Leur soubassement se compose d'un socle de marbre de 2 mètres de hauteur supportant quatre niches en pierre de touche où sont abritées les statues des Évangélistes ; ce sont, en commençant par la droite [1], saint Luc, saint Jean, saint Mathieu et saint Marc, hautes chacune d'un mètre ; toutes ces figures sont en albâtre. Au-dessus se dressent les grandes colonnes

---

[1] Nous rappelons que nos indications de *droite* et de *gauche* sont toujours prises par rapport au monument, et non au spectateur.

qui supportent l'entablement général du retable et lui donnent son caractère architectural. Ces colonnes sont de marbre rouge et blanc ; sur chacun de leurs chapiteaux d'albâtre se trouve sculptée l'une des quatre initiales : **L. B. R. F.** (*Ludovicus Borbonius Rex Franciae*), surmontées d'une couronne royale dont les fleurs de lis ont été mutilées. Taillées dans l'albâtre, les statues de Charlemagne et de saint Louis, qui emplissent les niches creusées entre chaque groupe de ces colonnes, ont chacune 2ᵐ,30 de haut ; elles portaient autrefois les insignes de la royauté et étaient dominées par des blasons ; ces accessoires ont disparu aujourd'hui. En pierre de touche, accotées d'enroulements, leurs niches forment un somptueux motif de décoration. Des extrémités inférieures de ces niches se détachent de lourdes guirlandes d'albâtre qui viennent se rejoindre à la base du cul-de-lampé sur lequel repose chaque statue. Ces guirlandes sont soulevées par deux anges d'albâtre, de 55 centimètres de haut, placés au-dessous, dans des niches de pierre de touche, dont le bas correspond à peu près aux deux tiers supérieurs du tabernacle de la partie centrale. Chacun de ces anges pose lui-même sur une figure grotesque qui surmonte une fenêtre richement décorée et garnie de grille, dont le bas est au niveau de celui de la table d'autel. Si nous relevons les yeux vers l'entablement général du retable, nous voyons qu'il a son architrave et sa corniche en pierre de touche, sa frise en albâtre ; que les quatre anges d'albâtre qui, couchés deux à deux sur les rampants des frontons brisés, où ils soutiennent une guirlande, ont de hauteur 1ᵐ,60, et les deux statues d'albâtre de la *Foi* et de l'*Espérance* 1ᵐ,80.

Quelle fut l'origine du retable monumental que nous venons de décrire ?

Recueillant une légende locale, de Rheims, archiviste de Calais, qui, en 1843, a publié sur cette œuvre un intéressant mémoire[1], l'explique ainsi : « En 1621, la France et l'Espagne étaient en « guerre. Un navire génois, chargé de marbre qu'il transportait « dans les Pays-Bas, pour le compte des Espagnols, fut assailli par « une tempête et fit côte à peu de distance de la ville de Calais.

---

[1] Présenté à la Société des monuments historiques, ce mémoire a été ensuite édité sous forme d'une brochure in-4° de 12 pages.

« Le navire et la cargaison étant de bonne prise, le marbre fut
« amené dans la place; S. M. Louis XIII, qui était venue à Calais
« quelques mois auparavant[1], l'octroya aux Calaisiens et leur
« accorda la permission d'en faire usage pour l'ornement de leur
« église paroissiale. »

D'après cette légende, qu'à partir du dix-huitième siècle ont
acceptée sans discussion beaucoup d'auteurs calaisiens et que Millin
a recueillie, le retable d'abord destiné à l'église des Jésuites d'Anvers aurait été entièrement l'œuvre d'un sculpteur italien. Certains
lui donnaient même le nom de Pietro Tadolini. On n'aurait eu,
après l'acte de munificence du Roi, qu'à en mettre en place les différentes parties, et tout au plus à y ajouter quelques accessoires.

Quant à l'auteur de la peinture du retable, c'aurait été, d'après
Millin, un élève de Van Dyck; d'après Lefebvre[2] et Collet[3], Van
Dyck lui-même. D'autres disaient Van Tulden. Le seul auquel on
ne pensât pas était Seghers, qui pourtant avait pris l'utile précau-
tion d'y inscrire son nom en toutes lettres.

Mais antérieurement même à la publication du mémoire de de
Rheims, la légende du vaisseau génois et du don royal avait reçu
une rude atteinte lorsque, par un article que, le 28 février 1830,
imprima le *Journal de Calais*, un érudit local, Dufaytelle, annonça
sa récente découverte, dans les archives de la ville, de deux actes
fournissant la preuve que le retable était, suivant lui, entièrement
dû au ciseau d'Adam Lottman.

Ces deux actes sont importants; jointe à certaines particularités
de l'œuvre elle-même, l'analyse détaillée que nous en ferons nous
conduira à une conclusion moins absolue que celle de Dufaytelle,
à savoir, que Lottman fut mis en possession de plusieurs statues
sculptées par un autre artiste, ainsi que de matériaux déjà dégrossis
destinés à un édifice différent, matériaux qui lui imposèrent la
forme et les dimensions générales de son retable, mais qu'il dut
compléter pour en faire le monument que nous contemplons aujourd'hui.

---

[1] Ce voyage est attesté par plusieurs auteurs contemporains, entre autres par
Visconti, avocat à Saint-Omer, et par Hendricq ou Handricq, bourgeois de cette
ville, dans deux manuscrits aujourd'hui possédés par la Bibliothèque de Saint-Omer.

[2] *Histoire de Calais*, édition de 1746, t. II, p. 491.

[3] *Supplément à la Notice historique du Calaisis*, publié en 1833.

Le premier de ces actes est daté du 27 avril 1624[1]. Les parties sont, d'un côté, Jacques de la Boulloye, « doyen de la chrestienté « et docteur en théologie de l'église Notre-Dame de Calais », Gaspart Raoult, mayeur de la ville, quatre échevins dont le vice-amiral Charles Berlicquet, plus un ancien échevin devenu marguillier de l'église; de l'autre, un sieur Pierre Taverne, « maître « tailleur de pierres en marbre ». L'objet du contrat est la construction, dans l'église Notre-Dame, d'une table d'autel de 51 pieds de haut, sur 32 pieds de large environ, devant occuper toute la largeur du chœur.

Sur la table d'autel, « un repositoire du Saint-Sacrement » doit être dominé par l'image d'un pélican. Aux côtés du tabernacle trouveront place « deux histoires à la discrétion de mesdits sieurs », et les six colonnes, de trois pieds de haut chacune, qui le décoreront, seront » de pierre de jaspe de Rance » ; chacune sera surmontée d'une statuette d'ange tenant les instruments de la Passion, et un autre ange siégera au milieu du tabernacle; en outre, les niches de ce tabernacle seront ornées de deux figures d'albâtre, haute chacune de deux pieds.

Puis l'acte indique minutieusement la forme et la matière de toutes les parties du retable telles que nous les avons vues exécutées tout à l'heure. Les quatre grandes colonnes disposées deux à deux de chaque côté de la peinture centrale et qui donnent à l'ensemble de l'œuvre son caractère architectural seront, dans leurs deux tiers supérieurs, de marbre de Rance, et dans la partie inférieure, d'albâtre, « enrichies de feuillages et d'anges ». Au-dessus de chacun de ces couples de colonnes s'arrondiront des « timpannes » ou frontons brisés, « et au milieu des timpannes, l'artiste sculptera « des festons grands, et sur lesdites timpannes, il y couchera quatre « anges tenant lesdits festons. Il y aura un piédestal par-derrière... « et sur ledit piédestal sera l'émoulure de pierre de touche où il y « aura posé sur chacun *une figure de la hauteur de la Notre-* « *Dame qui est faite* ». Au centre, dominant la vaste toile qui, depuis, fut peinte par Seghers, « il y aura », dit encore le traité que nous analysons, « *une niche dans laquelle sera mis l'image de*

---

[1] C'est donc par erreur que, dans les *Annales de Calais*, Bernard, écrivain dont nous reparlerons plus tard, affirme que le retable a été commencé en 1621. L'acte du 27 avril 1624 porte le n° 3 dans nos Pièces justificatives.

« *Notre-Dame qui est faite à la proportion d'icelle niche* ». La partie descriptive de ce traité indique enfin que le monument sera couronné par « une image de la Résurrection de six pieds de haut « ou environ ».

L'entrepreneur devait rendre tous ces ouvrages « faits et parfaits, « polis et lustrés suivant et en conformité du patron et devis faits « d'iceux qui sera délivré ès-mains desdits sieurs Mayeur et esche- « vins et à plutôt augmenter que diminuer ». Étaient toutefois exceptés du marché des portes de bois à placer aux deux côtés de l'autel, celle du « repositoire », œuvre d'orfèvre; ainsi que quatre chandeliers, et le pélican; plus le fer et le plomb nécessaires, la maçonnerie et les échafaudages. Les matériaux à employer de- vaient être de première qualité, et la pierre de touche provenir de Dinan. Taverne était en outre tenu de prendre « *toutes les ou- « vrages faits et commencés qui peuvent servir à ladite table « d'autel.....* en rabattant sur le prix du marché pour la valeur ». Enfin il ne pouvait, à peine de dommages et intérêts, se livrer, sans la permission des mayeur et échevins, à aucune autre entre- prise avant l'achèvement et la perfection de celle-là.

Le prix stipulé était de douze mille livres tournois, payables mille livres le 30 mai 1624, jour où le contrat devait être confirmé par-devant notaire, afin de permettre à Taverne d'acheter ses ma- tériaux, et le reste à mesure de l'avancement du travail.

Soit que, peu de semaines après, la mort ait surpris Taverne, soit que, pour un motif quelconque, le traité ne lui convînt plus, Lottman, qui se déclara alors domicilié à Saint-Omer, ne tarda pas à lui être substitué. A cet effet, le vendredi 14 octobre 1624, avant midi, il comparut avec les mayeur et échevins de Calais, devant M⁰ˢ Pierre Auquier et François Debourg, « notaires gardes notles « héréditaire du roi... en sa ville de Calais et pays reconquis », et s'obligea, pour les douze mille livres tournois précédemment pro- mises, à exécuter le retable[1]. Lui aussi devait prendre « tous les « ouvrages faits et commencés » pouvant servir « à ladite table « d'autel sans en payer aucune chose sinon des pierres neuves *qu'il « prendra au même prix et valeur qu'elles ont été achetées; « lequel prix et valeur lui sera déduit et rabattu sur le prix du*

---

[1] Pièces justificatives, nᵒ 4.

« présent marché ». Les mayeur et échevins lui promettaient leurs bons offices pour le faire décharger des droits d'entrée que « Messieurs du bureau réclameraient » sur les matériaux qu'il ferait venir de l'étranger; mais si, pour les acquérir, il allait en Hollande, il devrait prendre à ses frais un passeport « de ses « Altesses et Messieurs des États ».

Nous ne savons si Lottman se rendit lui-même en Hollande; en revanche, les comptes de la ville de Calais établissent que l'albâtre répandu à profusion dans tous les détails du maître-autel fut, en grande partie, acheté à Amsterdam, par un sieur William Watson, pour le compte de Daniel-Jean Skynner, marchand anglais, de Michel de Hase et de Miessel, demeurant tous trois à Calais. Les sieurs Skynner, de Hase et Miessel les livraient ensuite à Lottman. Celui-ci acheta probablement lui-même, à Rance et à Dinan, les marbres et les pierres de touche nécessaires à son travail. Puis les comptes de la ville de Calais, de 1624 à 1628, nous indiquent qu'ils furent, en cette ville, amenés de Valenciennes par les bateliers et les charretiers Mathieu Lompré, Jehan François, Balthazar Voris et autres [1].

Les deux traités ci-dessus analysés démontrent à l'évidence que certaines parties du retable furent livrées toutes sculptées à Lottmann, qui dut simplement les faire entrer dans l'ensemble de son œuvre. De deux passages de celui passé avec Taverne résulte la preuve que, parmi ces morceaux, figurait la statue de la Vierge avec sa niche. Mais ce n'était pas le seul.

En effet, quoique ne se trouvant pas cité au traité, le Christ qui domine le retable tout entier est certainement dans le même cas. Avant diverses réparations exécutées vers le milieu du dix-neuvième siècle, la tête de cette statue s'engageait dans une petite cavité pratiquée aux dépens de la voûte de l'église. Les amateurs de miracles racontaient que, le retable étant trop élevé pour l'édifice où on voulait le faire entrer, le Christ, en vue de faciliter l'opération, s'était baissé, puis redressé, se creusant lui-même sa place. Actuellement, sa tête coupe une nervure de la voûte. Et néan-

---

[1] De Rheims, *Mémoire cité.* — Les Archives de Calais contiennent, entre autres pièces, le connaissement, en date du 13 avril 1627, d'un certain Pierre Girrelz ou Gerrit, patron du navire *le Haran*, chargé d'apporter de l'albâtre d'Amsterdam à Calais. (Pièces justificatives, n° 5)

moins, bien que trop haute encore, cette statue semble avoir été mutilée. Lors de travaux faits à l'église, M. Reboul, archiviste de Calais, a pu l'examiner de près; or, nous affirme-t-il, elle laisse voir du côté droit, entre le coude et l'épaule, une soudure très apparente. La partie intacte indique que jadis le bras se levait et que la main, portée vers le ciel, dépassait de beaucoup la hauteur de la tête. Aujourd'hui, le bras s'avance presque horizontalement et, l'index et le médius allongés, les autres doigts légèrement pliés, la main bénit. Enfin, tandis que le marbre de la statue est blanc et d'une exécution soignée, celui de la partie ajoutée est gris bleu mêlé de blanc et travaillé avec négligence.

Ajoutons que l'un des quatre anges couchés sur les frontons brisés des côtés du retable a la jambe et le pied enlevés. Est-ce le résultat d'un accident? Non, car, pour restituer la partie manquante, il faudrait crever la voûte.

Il suit de là que presque toute la portion supérieure du monument, c'est-à-dire les statues de la Vierge, du Christ et des quatre anges, préexistait parmi les matériaux dont on imposa l'emploi d'abord à Taverne, puis à Lottman, et que, pour les insérer dans l'emplacement trop étroit qui leur était destiné, le sculpteur dut modifier l'un des bras du Christ et mutiler l'un des anges.

La largeur du retable se trouvait déterminée par ces matériaux; sa hauteur en résultait d'une façon presque fatale d'après les rapports que l'architecture du temps admettait comme normaux entre les diverses parties de ce genre de constructions. C'est ainsi que celui qui dessina l'ensemble du retable de Calais fut conduit à lui donner une taille si disproportionnée à l'église qu'il décore, et où il ne semble être entré qu'écrasé et raccourci. Sinon, il l'eût évidemment fait plus étroit et moins haut. En outre, son instinct autant que son expérience de décorateur l'auraient empêché d'encombrer un point particulier de l'édifice, en en laissant toutes les autres parties dans un état d'absolue nudité, et l'auraient conduit à orner de ses marbres, à défaut de la totalité de l'église, au moins le chœur tout entier.

Celui qui dessina ce retable fût-il Lottman? Le fait est probable, sans être certain. N'oublions pas que le plan du travail était arrêté dans ses moindres parties lors du traité passé avec Taverne. Mais

celui-ci n'était qu'un entrepreneur de marbrerie, non un sculpteur
ou un architecte. Nous supposons qu'il l'aura fait tracer par Lottman, ce qui aura préparé et facilité la reprise de l'opération,
quelques mois plus tard, par l'artiste de Couloigne.

Reste à savoir d'où venaient les matériaux déjà préparés et que
fût tenu d'employer celui-ci. Était-ce d'un vaisseau génois dont le
chargement aurait été offert par le roi de France à l'église de
Calais ? Fort médiocres, les figures livrées à Lottman, sans rendre
inadmissible une origine italienne, ne la révèlent pas à l'évidence.
Et quant au don du roi de France, un mot glissé dans le second
traité, celui du 14 octobre 1624, en rend l'hypothèse bien difficile
à maintenir. N'y est-il pas dit, en effet, que l'artiste devra reprendre,
aux comparants de première part, des pierres neuves, « au même
« prix et valeur qu'elles ont été *acheiées* » ? Il semble donc que
Jacques de la Boulloye et la ville de Calais s'étaient rendus acqué-
reurs d'une décoration préparée pour une autre église et compre-
nant, outre des statues complètement terminées, des pierres ébau-
chées ou brutes. Peut-être venaient-elles d'un vaisseau génois ; mais,
en dépit des lettres L. B. R. F. fixées plus tard sur le retable, on
peut admettre comme quasi prouvé qu'elles n'avaient pas fait l'objet
d'un don royal. L'emploi obligatoire de ces matériaux aura déter-
miné, dans le retable, les anomalies que nous y avons signalées.

Quoi qu'il en soit, ce qui montre bien l'importance de la part
de Lottman dans l'exécution du monument, c'est le nombre d'aides,
qu'il y fit travailler et le temps qu'il y consacra. Parmi ces aides,
les comptes de la ville de Calais mentionnent Antoine Liesse, Jehan
Stilleman, Cadoulx, Guillaume Lefebvre et Jacques Laussien [1]. La
date de 1626 est gravée sur une plinthe de pierre de touche placée
au-dessus de la tête des Évangélistes, et celle de 1628 sur le piédestal de la statue de la Vierge. Au bout de quatre années de travail, le retable ne manquait plus que de quelques parties accessoires. L'évêque de Boulogne, Victor Le Bouthilier, ayant été sacré
le 9 avril à Paris, fit son entrée solennelle à Calais le 31 août. Il
profita de sa présence dans cette ville pour bénir et consacrer la
maître-autel [2]. Mais, d'après une lettre adressée par Lottman au

[1] De Rheims, *Mémoire cité.*
[2] Lefebvre, *Histoire de Calais.*

mayeur de Calais, les deux grandes statues de Charlemagne, et de saint Louis ne durent être achevées et mises en place qu'en 1629 [1].

Dans le contrat du 14 octobre 1624, nous avons vu que Lottman dut toucher pour sa part 12,000 livres tournois. Mais nous y avons vu aussi que les fondations, tous les travaux de maçonnerie nécessaires à l'édification du retable, le fer, le plomb, les portes, les chandeliers, le pélican, et les échafaudages, se trouvaient en dehors de son marché et n'étaient pas compris dans cette somme. Aussi de Rheims observe-t-il avec raison que, si on additionne, d'après les comptes de la ville de Calais, toutes les dépenses relatives au retable, on ne trouve guère moins de 30,000 livres.

Quelle fut, en outre, la somme versée pour sa toile à Gérard Seghers? Dans son *Histoire de Calais*, Lefebvre déclare que l'artiste reçut de la ville 1,600 livres. Bernard, l'un des collaborateurs des *Annales du Calaisis*, qui passe pour un historien exact et bien informé, affirme même avoir retrouvé ce chiffre dans les comptes de la paroisse. Nous pouvons le croire, en observant toutefois que M. Reboul s'est livré à de vaines recherches pour essayer de contrôler ce dire.

Dès son apparition, l'œuvre de Lottman obtint un grand succès. De même que les tours de l'abbaye de Saint-Bertin servirent jusqu'au dix-huitième siècle de modèles à la plupart des clochers qui s'élevèrent autour de Saint-Omer, elle fut le type auquel se conformèrent plusieurs des retables construits postérieurement, soit dans les églises paroissiales, soit dans les couvents de Calais. Mais bien peu de ces imitations se montrèrent dignes de l'original.

Nous avons dit quel choquant contraste existe entre la richesse exubérante du maître-autel et le dénuement des autres parties de l'église. Jacques de la Boulloye, que nous avons vu comparaître dans l'acte passé avec Taverne, le 27 avril 1624, voulut, en 1647, après avoir résigné son décanat en faveur d'un nommé Jean de La Planche, faire quelque chose pour le diminuer. Il résolut donc

---

[1] Cette lettre est citée par de Rheims. M. Reboul l'a en vain cherchée dans les Archives de Calais. Il n'a retrouvé de Lottman qu'une autre lettre, que nous donnons au n° 6 de nos Pièces justificatives.

de garnir de deux clôtures de marbre l'intervalle des piliers du chœur les plus proches du retable.

Chacune de ces clôtures a 3ᵐ,38 de largeur : leur soubassement, d'un beau marbre noir, a 1ᵐ,45 de haut. Ce soubassement est, de chaque côté, surmonté de six balustrades de marbre rose et jaune, séparées trois à trois par un pilastre avec panneau incrusté d'albâtre et sculpté en délicat bas-relief. Les balustres et le pilastre ont 1ᵐ,28 de hauteur; ils supportent un couronnement composé d'une architrave, d'une corniche en pierre de touche noire, et d'une frise d'albâtre couverte de capricieux motifs.

Sur les riches ornements qui surmontent ces belles clôtures se lisent plusieurs fois les lettres D. L. B., initiales du nom du donateur. A qui s'adressa celui-ci pour les exécuter? Probablement à un autre que Loffman, quoique l'artiste vécut encore. Les lettres G. M. 1648, ciselées sur le pilastre intérieur de la balustrade de gauche, ont semblé à de Rheims désigner le sculpteur cambraisien Gaspard Marsy, qui, avec son frère Balthazar, devait, peu de temps après, conquérir, par ses sculptures du parc de Versailles, une durable renommée.

A cette hypothèse nous proposerons une correction. En 1648, date de l'achèvement de cette clôture, l'aîné des deux Marsy n'était encore qu'un élève, et c'est en cette année même qu'avec son frère il quitta Cambrai pour aller se perfectionner à Paris. On ne pourrait donc admettre que, pour un ouvrage important, Jacques de la Boulloye se soit adressé à un si jeune homme. Mais auprès d'eux vivait leur père, prénommé aussi Gaspard, dont le musée de Cambrai conserve deux élégantes statues de saint Sébastien et de sainte Agnès. Il avait, en 1641, exécuté dans l'église Notre-Dame de sa ville natale la clôture de la chapelle de l'Ascension, et en 1646, pour les héritiers du chanoine Robert le Sart et moyennant 3,600 florins, les clôtures de deux autres chapelles. C'est à lui, plutôt qu'à son fils, qu'on doit vraisemblablement attribuer l'œuvre de même nature qu'on admire encore à Calais [1].

[1] Voir, sur Gaspard Marsy le père, une notice d'A. Durieux, dans les *Mémoires de la Société d'émulation de Cambrai*, t. XLVII.

IV

LOTTMAN COMMENCE EN 1627 ET ACHÈVE EN 1634 UN DOXAL POUR L'ÉGLISE NOTRE-DAME-LA-GRANDE, A VALENCIENNES.

Nous avons vu, au chapitre précédent, que le retable de Calais ne fut inauguré que le 31 août 1628, et que les grandes statues de Charlemagne et de saint Louis ne durent y être placées qu'en 1629. Mais avant d'avoir mis la dernière main à cette œuvre, Lottman en avait entrepris une plus importante encore : un jubé pour l'église Notre-Dame-la-Grande, à Valenciennes.

Cette église, « omnium ecclesiarum ejusdem urbis princeps », selon Mabillon [1], avait pour but d'honorer un miracle dont la légende a joué un grand rôle dans l'art local, et que nous verrons tout à l'heure servir de thème à une partie des bas-reliefs du jubé de Lottman.

D'après cette légende, la peste, en l'an 1008, sévissait depuis de longues semaines déjà à Valenciennes, sans que rien pût faire prévoir sa disparition, lorsque, le dernier jour du mois d'août, la Vierge se montra subitement à un saint ermite qui vivait non loin de là, sur les bords de l'Escaut, au village de Pont. Elle lui déclara qu'elle avait désarmé son fils, et que la nuit qui précéderait la fête de sa Nativité, ses serviteurs n'avaient qu'à se rendre sur les murailles de Valenciennes, et qu'ils y verraient des merveilles.

L'ermite s'empressa de remplir la mission qu'il venait de recevoir, et, le 7 septembre, à la tombée de la nuit, tous les habitants valides montèrent, pleins de contrition, sur les remparts, dont un naïf dessin du dix-septième siècle nous donne une restitution approximative [2]. Soudain, les ténèbres firent place à une clarté resplendissante, au milieu de laquelle apparut la Vierge. Elle tenait à la main un immense cordon. Un ange le saisit par une de ses extrémités et, d'un vol rapide, en entoura la ville.

Le même jour, l'ermite, qui était resté en prière au village de Pont, fut favorisé d'une seconde apparition où, le prenant de nouveau pour confident, la Vierge le chargea de dire aux Valenciennois que,

---

[1] *Annales ordinis benedictini,* t. V, p. 228.

[2] Il est renfermé dans le ms. 531 de la Bibliothèque de Valenciennes.

chaque année, le jour de sa Nativité, ils devaient faire une procession solennelle, en suivant la trace du cordon merveilleux, et que, s'ils commençaient le lendemain, la peste disparaîtrait soudain.

L'ermite rendit compte de sa vision, et le peuple accomplit la volonté de Marie. Le cordon, ramassé, fut enfermé dans une châsse, et cette châsse, placée d'abord dans une modeste chapelle dont la fondation était attribuée à Charlemagne, devint ensuite l'ornement le plus vénéré de l'église Notre-Dame-la-Grande, que vit inaugurer l'année 1086.

. Construit en grande partie aux frais de la comtesse Richilde et de Beaudoin de Jérusalem, son fils, le sanctuaire nouveau fut donné par celui-ci à l'abbaye bénédictine d'Hasnon, située à quelques lieues de Valenciennes, et dont les moines devaient la desservir[1]. Successivement embellie par des dons pieux, elle se trouva, comme presque toutes les autres églises valenciennoises, saccagée par les iconoclastes protestants, le 24 août 1566[2]. Pendant les troubles qui suivirent, elle demeura fort délabrée, mais l'abbé d'Hasnon, dom Léger Tison, en entreprit la réfection entière[3]. Élu en 1626, son successeur dom Michel de Raismes voulut la doter d'une riche décoration dans le goût du temps, et il s'empressa de s'aboucher avec Adam Lottman pour la construction d'un jubé.

Accompagné d'un long devis en soixante-seize articles[4], le traité fut signé le 10 juin 1627, devant les « jurés de cattel de Valen- « ciennes et hommes de fiefz de Haynault », parmi lesquels figurait Simon Le Boucq, déjà occupé de recherches historiques et alors au début de sa carrière municipale. L'artiste s'y oblige à construire un doxal « de telle structure et fabricque que cestuy qu'iceluy « Lottman at faict et dressé en l'église de Saint-Bertin située en la « ville de Saint-Omer; excepté la niche de l'arcule du milieu, « laquelle sera plus grande et enrichie que celle dudict Saint-Ber- « tin ». Les matériaux devaient être les mêmes que ceux habi-

[1] Simon LE BOUCQ, *Histoire ecclésiastique de Valenciennes*, ch. II, et DEWEZ, *Histoire de l'abbaye de Saint-Pierre d'Hasnon*, ch. VIII.

[2] DEWEZ, ch. XXI, et Paul FOUCART, *les Peintures de Martin de Vos à Valenciennes*.

[3] Simon LE BOUCQ, *ouvrage cité*.

[4] Il est intitulé : *Déclaration des devises et conditions pour l'érigement du doxal de l'église Nostre-Dame la Grande de Valenciennes.* (Pièces justificatives, n° 10.)

tuellement mis jusqu'ici en œuvre par le sculpteur, c'est à-dire l'albâtre, la pierre de touche et la pierre de Rance. Ces pierres devaient être fournies par lui. Quant aux fondations du jubé, au fer et au plomb dont il exigerait l'emploi, aux travaux de menuiserie qui en étaient les accessoires, aux hourdages, aux cordes et aux autres engins nécessaires pour monter les matériaux, ils restaient à la charge de l'abbé. Pour le doxal de Saint-Bertin, le prix stipulé avait été de 23,000 florins; ici, quoique le modèle fût à peu près le même, « voires mieulx », il ne s'éleva qu'à 20,500. Peut-être cette différence vient-elle de ce que l'artiste, étant sur les lieux, n'avait pas de frais de déplacement. Si le prélat était satisfait, il devait, après que l'ouvrage serait entièrement achevé et dressé, donner en outre à Lottman, comme gratification, « une vasselle « d'argent et ung habit » .

L'artiste s'engageait à avoir posé les colonnes et construit les voûtes avant deux ans, et achevé le reste une année plus tard, à l'exception des grandes figures d'albâtre, pour lesquelles il obtenait un délai supplémentaire. Les payements étaient échelonnés d'après l'avancement du travail. Il devait recevoir et reçut, en effet, immédiatement quatre mille florins; quatre mille autres étaient payables après la pose des colonnes et la construction des voûtes; quatre mille encore quand tout le doxal serait debout; enfin, le solde, soit huit mille cinq cents florins, quand les grandes statues seraient en place et l'ouvrage définitivement reçu. Jusque-là, Lottman s'interdisait toute autre entreprise sans le consentement du prélat, à peine d'une amende de trois cents florins au profit des pauvres.

Le 28 septembre 1629, une convention complémentaire intervint[1]. Le sculpteur s'obligea à avoir chez lui « deux ouvriers tail-« leurs d'ymaiges et ung garson quy debvront journellement tra-« vailler avecq luy aux ouvraiges du doxal », plus trois tailleurs de pierre dure et trois polisseurs. Moyennant quoi, il acquit le droit de recevoir chaque semaine, à compte sur son marché, une somme de quarante-cinq florins.

Les archives départementales du Nord ont hérité de celles d'Hasnon la plupart des quittances données par Lottman pour les acomptes reçus sur les travaux du doxal. La dernière, datée

---

[1] Archives du Nord, fonds d'Hasnon, (Pièces justificatives, n° 12.)

du 27 janvier 1634 [1], est relative à cinquante florins payés par Simon Le Boucq en sa qualité de bailly de l'abbaye d'Hasnon.

Mais, à ce moment, le prélat qui dirigeait l'entreprise n'était plus dom Michel de Raismes. Celui-ci, mort en 1630, avait eu pour successeur Jacques Jappin, de Valenciennes, qui s'était fait un honneur de terminer magnifiquement l'œuvre commencée.

Quoique n'existant plus aujourd'hui, cette œuvre est, après le retable de Calais, celle de Lottman que nous connaissons le mieux. En effet, outre le devis, le marché et les quittances dont nous avons extrait ce qui précède, nous en possédons une copieuse description due à Simon Le Boucq qui, nous le savons, avait suivi pas à pas la construction du doxal; en outre, le manuscrit de l'*Histoire ecclésiastique* de l'historien-prévôt, manuscrit daté de 1650, c'est-à-dire d'une époque où vivait encore Lottman, contient une vue d'ensemble et deux vues de détail de cette somptueuse décoration [2]. Les vues d'ensemble du doxal sont lavées d'aquarelles indiquant avec précision l'aspect que donnait au monument la diversité des marbres qui le composaient. Nous en pouvons donc juger à peu près comme si nous l'avions sous les yeux, et nous constatons que, bien que plus étroit, il rappelle beaucoup, par ses dispositions, le doxal que, vers 1566, Cornil de Vriend, d'Anvers, avait construit dans la cathédrale de Tournay [3].

Ainsi que celui de Saint-Bertin, le jubé de Notre-Dame-la-Grande se composait essentiellement de trois voûtes pleines appuyées sur huit colonnes groupées deux à deux, avec deux retours perpendiculaires à la face principale, soutenus chacun à l'extrémité opposée à celle-ci par une colonne supplémentaire [4]. Le devis réservait l'ordre du bâtiment « à la discrétion du... seigneur pré-

----

[1] Celle-ci est signée de sa femme, Anne Andrieu, dont nous parlerons plus loin. (Voir ces quittances, Pièces justificatives, n⁰ˢ 13 à 18.)

[2] Ces dessins sont tous tracés à la plume. La première feuille reproduit le doxal de face, la seconde, les deux retours et le bas-relief semi-circulaire représentant Jésus entre saint Pierre et saint Paul; la troisième, les ornements d'une voûte imités des catacombes de Rome. Ils ont été reproduits d'une manière peu exacte dans l'édition de l'*Histoire ecclésiastique* de Simon Le Boucq, publiée en 1844.

[3] Voir ci-après, planche II.

[4] Dans l'image du jubé publiée en 1844, les deux retours, empruntés au second des dessins du manuscrit, ont été placés à droite et à gauche de la face principale et sur la même ligne. Cette fausse disposition est reproduite dans une lithographie qui orne l'ouvrage de M. Dewez.

« lat, soit doricque, ionicque ou corinthe. » L'ordre choisi se
trouva être le dorique. Au-dessus de chaque groupe de colonnes
se creusait une niche renfermant la statue d'albâtre, de grandeur
naturelle, de l'un des personnages que voici : saint Rupert, saint
Anselme de Cantorbéry, saint Ildephonse et saint Bernard, tous
Bénédictins et célèbres par leurs ouvrages en l'honneur de Marie.
A la même hauteur que ces statues se trouvaient, sur les faces latérales, deux grands bas-reliefs dont nous dirons tout à l'heure les
sujets. Au-dessus de la clef des trois arcades dessinant les voûtes,
des niches étaient ornées, celle du centre d'une image de la Vierge
tenant sur ses genoux l'Enfant Jésus, les deux autres de statues
d'anges. Sous les pieds de Marie on lisait l'inscription suivante :

Saxa ego sum, sed, si fertis pia vota precesque,
Mansuetum duro marmore numen ero.

« Je suis de pierre, mais si vous m'offrez vos prières et vos
« pieux désirs, vous trouverez, au lieu d'un dur marbre, une
« douce protectrice. »

L'un des anges tenait d'une main une palme, de l'autre le cordon tutélaire. Le second remettait au fourreau son épée, en fou-
lant aux pieds des verges, symbole du courroux céleste.

Aux côtés de chacune des niches qu'habitaient ces figures ailées,
étaient sculptés deux bas-reliefs. Des tables de marbre surmontées
d'une riche balustrade à jour remplissaient, à cet étage, tous les
intervalles. Enfin, le jubé entier était couronné, au-dessus des
deux retours latéraux, par des frontons triangulaires, et sur la
face principale, d'espace en espace, par des frontons circulaires
brisés ayant au centre un petit piédestal surmonté d'un vase.

Au nombre de six, les bas-reliefs dont nous avons indiqué l'emplacement retraçaient la légende de l'an 1008 et la procession qui
la rappelait.

Placé à gauche[1], dans l'un des retours latéraux, près d'une
chapelle consacrée à Notre-Dame des Miracles, le premier, de
grande dimension, représentait la peste désolant Valenciennes; on
y voyait des moribonds auxquels des prêtres administraient les
derniers sacrements, des fossoyeurs jetant en terre des charretées
de cadavres, et, dans les nuages, des anges lançant la foudre.

---

[1] Par rapport au doxal lui-même, et non au spectateur.

JUBÉ DE L'ÉGLISE NOTRE-DAME LA GRANDE

A Valenciennes

PAR ADAM LOTTMAN

Le second montrait, près de son ermitage, Bertholin à genoux, levant les bras vers le ciel, et Marie lui annonçant la prochaine délivrance de la ville ; au fond, s'étendait le panorama de Valenciennes.

Le troisième figurait l'ermite exhortant le peuple à la pénitence.

Dans le quatrième apparaissait la Vierge accompagnée de plusieurs anges dont l'un entourait la ville du miraculeux cordon. De sa cellule, l'ermite, ravi, contemplait ce spectacle.

Le cinquième représentait, dans le lointain, la seconde visite de la Vierge à l'ermite, et, sur le devant, la châsse des Royés. Un prélat y plaçait le saint cordon, tandis que deux prêtres tenaient, l'un, sur un coussin, diverses reliques destinées à l'accompagner, et l'autre, le procès-verbal de la cérémonie.

Placé dans le retour latéral de droite, près d'une chapelle consacrée à saint Éloi, le sixième et dernier rappelait la procession annuelle où chaque année, vers le 8 septembre, la châsse du saint cordon était accompagnée du clergé, du Magistrat et du peuple.

Sous la voûte de gauche se dressait, dans une niche, le tombeau de l'abbé Michel de Raismes, orné de la statue du prélat, à genoux, et de celle de l'archange son patron. Les deux images étaient taillées dans l'albâtre, de grandeur naturelle, et sur le piédestal qui les supportait se lisait une inscription laudative que nous a transmise Simon Le Boucq.

Sous la voûte de droite, ces images avaient pour pendant celle du Christ, debout, avec un agneau à ses pieds. Sur le piédestal étaient gravés ces vers :

Ad me ponderibus pressi, recreabo, venite :
Sum requies tranquilla, Deus, sum vita, salusque.
Vous que la douleur oppresse, je vous soulagerai, venez ;
Je suis Dieu, le repos tranquille, je suis la vie et le salut.

Les deux voûtes latérales elles-mêmes étaient décorées de dix-huit caissons en albâtre représentant, à gauche, les sept péchés capitaux et les vices qui en dérivent, à droite, des emblèmes empruntés aux catacombes de Rome.

Enfin, sous la voûte centrale, au-dessus de la porte qui conduisait au chœur, Jésus-Christ, dans un haut relief, confiait la propagation de sa doctrine à saint Pierre et à saint Paul. Deux palmiers séparaient les trois personnages ; sur une branche de l'un de ces arbres, à la droite du fils de Marie, le phénix, symbole de la résurrection, battait des ailes, et auprès des apôtres bêlaient des brebis, par allusion aux troupeaux de fidèles qu'ils auraient à conduire. Au-dessus, on lisait ces mots :

Per me, si quis introierit, salvabitur.
Si quelqu'un entre, il sera sauvé par moi.

La face du jubé qui regardait le chœur ne devait guère être moins richement décorée que celle qui regardait le portail. Elle était consacrée à la légende du diacre saint Pierre et du prêtre saint Marcellin, personnages qui, d'après les hagiographes, auraient exercé à Rome, l'un le sacerdoce, l'autre les fonctions d'exorciste, et y auraient ensemble été martyrisés le 2 juin 302. C'étaient les patrons de l'abbaye d'Hasnon, qui prétendait posséder leurs reliques[1].

Leur légende se déroulait en cinq bas-reliefs d'albâtre. Au centre, au-dessus de la porte d'entrée, le plus grand représentait leur martyre. Quatre plus petits, disposés deux à deux de chaque côté de la statue de chacun des saints, montraient successivement : saint Pierre sortant de prison et se présentant à son geôlier Artémie, puis exorcisant Pauline, fille de ce geôlier ; saint Marcellin baptisant Artémie, sa femme Candide, leur fille, et plusieurs autres personnes ; enfin, les deux compagnons marchant au supplice à travers des haliers.

Sous le bas-relief principal se lisaient ces mots, à l'usage du prêtre chargé de dire la messe :

Da mihi sapientiam ut egregiar coram populo.
Donne-moi la sagesse, pour paraître devant le peuple.

Afin de compléter notre description du jubé, il faudrait parler des têtes d'anges, des rinceaux, des figures et des ornements de toutes sortes partout répandus à profusion. Mais on doit se borner, et ce que nous en avons dit suffit à en donner une idée.

Pour achever l'œuvre de son prédécesseur, l'abbé Jacques Jappin fit fondre et ciseler la porte de cuivre placée sous la voûte centrale. Simon Le Boucq nous apprend[2] qu'il dépensa dans ce but 2,200 livres à vingt patars la livre, soit 4,400 livres tournois, et

---

[1] DEWEZ, *Histoire de l'abbaye de Saint-Pierre d'Hasnon,* ch. VI.
[2] *Histoire ecclésiastique,* ch. III.

qu'il fit exécuter aussi, pour 600 livres, sept chandeliers de cuivre destinés à en éclairer la partie supérieure.

Le jubé de Notre-Dame-la-Grande devint rapidement célèbre et augmenta singulièrement la réputation de Lottman. Dans son *Par Martyrum*, consacré aux saints Pierre et Marcellin, et publié en 1643, le poète hagiographe Brasseur, qui venait de le voir en sa première fleur de nouveauté, disait de lui :

> *Id Michaelis opus grande est, sed et istius urbis,*
> *Gloria semper erit, perpetuumque decus.*

Mais, hélas! peu de choses sont éternelles, et le jubé ne devait pas survivre au dix-huitième siècle.

V

LOTTMAN SE FAIT RECEVOIR BOURGEOIS DE VALENCIENNES. — IL RÉFORME LES STATUTS DE LA CORPORATION DES PEINTRES ET SCULPTEURS. — SON MARIAGE.

Tandis qu'il exécutait le jubé de Notre-Dame-la-Grande et marquait ainsi sa présence à Valenciennes par une seconde œuvre importante, Adam Lottman prit une grande résolution : celle de se faire, en y acquérant le droit de bourgeoisie, naturaliser complètement dans la ville qui l'avait si bien accueilli.

Comme tous les aspirants à ce droit, il dut se soumettre aux formalités traditionnelles. Le 4 avril 1631, accompagné de deux habitants, bourgeois eux-mêmes, l'échevin Jean de le Court et un nommé Hubert, il se présenta d'abord devant le prévôt de la ville ou son suppléant et répondit à une série de questions résumant les promesses requises[1]. Sur ses réponses affirmatives, le magistrat le mena à l'une des fenêtres de la salle de justice et, suivant un formulaire consacré, lui fit prêter un premier serment en levant la main dans la direction de l'abbaye de Saint-Jean. Puis, après lui avoir rappelé qu'il devait, entre toutes personnes, porter, s'il en était requis, un loyal témoignage, le magistrat lui fit prêter un second serment, celui de révéler, s'il en avait connais-

---

[1] Ce formulaire a été conservé par un écrivain nommé Jacques de Raincamp.

sance, tous « grief, contrariété » ou « villenie aulcune au corps de la ville ».

Ce second serment prêté, le forain devenait membre de la bourgeoisie. « La communauté », nous dit Cellier[1], « lui devait aide et « protection ; il était admis au partage des franchises dont jouis- « saient les enfants de la cité, et ces franchises étaient assez con- « sidérables pour exciter la jalousie des villes du Hainaut propre- « ment dit. » — « Le bourgeois de Valenciennes était affranchi « de maintes redevances onéreuses et vexatoires de vinage, ponte- « nage, etc., dans toute l'étendue du chef-lieu, c'est-à-dire de la « province relevant de la juridiction valenciennoise. Il pouvait « porter des armes de guerre, alors que cette autorisation était « refusée à tous les habitants du Hainaut. »

Pour constater l'inscription d'Adam Lottman au nombre des bourgeois de Valenciennes, fut immédiatement dressé le petit acte dont nous avons donné le texte dès le début de cette étude.

Quelques mois après, à la suite de graves dissentiments et de querelles, la confrérie de Saint-Luc vit se détacher d'elle une de ses branches : celle des verriers. Par une charte de disjonction que, le 24 novembre 1631, leur accorda le prévôt de Valenciennes, Jean Pittpan, seigneur de Montauban, ils obtinrent leur érection en cor- poration indépendante, tout en conservant leur part dans la cha- pelle de Saint-Luc à Notre-Dame-la-Grande[2].

Le 19 février 1636, « affin de vivre en meilleure intelligence, « paix et union, et sans les désordres que cy-devant s'estaient « glissez à leur regret », Adam Lottman, Jean Goret le jeune et quelques autres membres de la confrérie de Saint-Luc firent, par tous leurs collègues, adopter en dix-neuf articles[3], « pour le « repos de la république », un projet de réforme de la charte de 1608.

Les premiers, relatifs aux mesures de police indispensables pour réprimer les abus qui s'étaient produits, nous montrent com- bien étaient grossières les mœurs de la petite bourgeoisie du

---

[1] *Recherches sur les institutions politiques de la ville de Valenciennes*, ch. VII.

[2] La majeure partie de leur charte est reproduite dans l'*Histoire des métiers de Valenciennes*, de M. CAPPLIEZ, p. 347 et 348.

[3] Ces modifications sont également reproduites dans l'ouvrage de M. Cappliez; on les trouvera au n° 20 de nos Pièces justificatives.

temps. Ils édictent des amendes contre les membres de la corporation qui injurieraient ou blesseraient soit publiquement, soit privément, un de leurs confrères; qui parleraient hors de leur tour ou se mettraient à table hors de leur place; qui s'empareraient des plats comme de choses leur appartenant; qui violeraient le secret des délibérations; qui garderaient indûment des papiers appartenant à la corporation. Afin d'appliquer ces amendes, quatre maîtres devaient être, chaque année, élus par leurs collègues, et adjoints au connétable ainsi qu'à ses deux assesseurs.

D'autres articles concernent le chef-d'œuvre à exiger de celui qui voulait parvenir à la maîtrise. Un délai était imparti pour l'exécuter. On ne pouvait plus profiter, pour recevoir maître un ouvrier, de l'absence de l'un des assesseurs du connétable. L'emploi de la mise au carré était proscrit pour les chefs-d'œuvre de peinture. Enfin, tout ouvrier qui aurait commis quelque fraude ou médit de quelque maître, ne pouvait plus désormais être admis au chef-d'œuvre avant d'avoir payé ses amendes ou été « purgé de « ses médisances ».

D'autres encore règlent la vente des tableaux ou des toiles que les maîtres faisaient auparavant porter par des étrangers dans les rues de Valenciennes et de sa banlieue, en les attribuant à de grands artistes, tandis que ce n'étaient le plus souvent que des peintures « à la légère », sans « couleurs de longue durée ».

D'autres enfin s'occupent de l'engagement des ouvriers. Ils interdisent aux maîtres d'en prendre n'ayant pas achevé leurs années d'apprentissage; qui, les ayant achevées, se seraient mis, pour se perfectionner, sous la direction d'un autre patron, ou qui, ayant quitté ce patron à l'expiration du temps convenu, lui resteraient redevables de quelque chose. Dans l'horreur que professaient les anciennes corporations pour la libre concurrence, ils ordonnent aux maîtres de dénoncer tout ouvrier qui travaillerait « en secret ou aultrement pour son profit singulier ». Quant au dernier article, il fixe à douze heures la durée de la journée de travail.

Soumis au Magistrat de Valenciennes, ces articles furent appuyés d'un avis favorable par M. Michel Despret, licencié ès droit, lieutenant du prévôt le Comte. Ils furent ensuite, le 6 mai 1636, rendus exécutoires par le prévôt de Valenciennes, qui était encore le seigneur de Montauban.

Afin de conserver mieux qu'on ne l'avait fait jusqu'alors les règlements de la corporation, Lottman fit transcrire sur un registre spécial la charte du 18 avril 1608, l'acte de 1631 relatif à la disjonction des verriers, et les articles à la rédaction desquels il avait présidé. Jusqu'au 23 novembre 1720, ce registre servit à recueillir certaines résolutions, sentences et ordonnances. Composé de soixante-douze feuillets cotés au recto seulement, avec un prologue en vers, des tables et plusieurs blasons coloriés, il demeure aujourd'hui l'un des documents les plus précieux des archives de Valenciennes[1].

La perte du premier volume des comptes de la corporation nous empêche de savoir les dignités dont y fut revêtu Lottman, ainsi que le nom et le nombre des apprentis qu'il forma. Ce nombre dut être considérable, à en juger par l'importance des ouvrages qui ne cessèrent de naître dans son atelier.

Dans les premiers jours de 1634, au plus tard, le sculpteur épousa une jeune fille nommée Anne Andrieu. Les registres des paroisses de Valenciennes ne mentionnent ni la naissance de la future, ni son mariage. Peut-être Anne Andrieu était-elle d'Ath[2]. A une époque où tant de femmes de la bourgeoisie et même de la noblesse ne savaient ni lire ni écrire, l'instruction ne lui manquait pas ; en effet, le 27 janvier 1634, elle donne à Simon Le Boucq une quittance de 50 florins[3] et, en 1649, elle trace une lettre au nom de son mari absent[4]. Nous verrons les époux vivre ensemble pendant près d'un quart de siècle. Rien ne nous montre qu'ils aient eu des enfants.

Leur maison était située à Valenciennes, rue de la Mernerie, et, vers la fin du siècle, on la connaissait encore comme ayant été leur propriété[5].

---

[1] H. 2320.

[2] Voir Pièce justificative n° 19. Lottman y fait faire un payement de 400 florins à un sieur Andrieu, d'Ath.

[3] Pièces justificatives, n° 18.

[4] Pièces justificatives, n° 38.

[5] Nous lisons en effet, dans un acte du 27 août 1700, conservé aux Archives de Valenciennes (fonds non classés) :

« Scachent tous ceux qui cest escrit verront ou oiront que sire Jean-Antoine « Dursen, escuyer, licentié es loix, à ce jour, préuost de cette ville de Vallen- « tiennes,..... a vendu bien et léallement à Adrien Bourla, changeur du Roy en « cette d¹ᵉ ville, et à son remanant après luy à toujours héréditairement, les trois « quarts d'une maison et héritage contenant plusieurs louages, située en la rue

VI

ADAM LOTTMAN EXÉCUTE UNE CLOTURE DE CHŒUR POUR SAINT-BERTIN. —
IL COMMENCE, POUR LA CATHÉDRALE DE SAINT-OMER, UN AUTEL DONT
LE MARCHÉ EST ENSUITE RÉSILIÉ.

Pendant qu'Adam Lottman exécutait le maître-autel de Calais et
le jubé de Notre-Dame-la-Grande à Valenciennes, pendant que,
dans cette ville, devenue sa patrie d'adoption, il faisait réformer
les statuts de la corporation des peintres et sculpteurs, il n'avait
pas cessé de rester en rapport avec Saint-Omer et d'y exécuter des
travaux importants.

Guillaume de Loëmel avait eu pour successeur dom Philippe Gillocq, homme intelligent, fils d'un brasseur audomarois. Pendant
son administration, nous apprend Charles de Witte[1], « en 1626,
« on ajouta au jubé deux façades de marbre et deux belles portes
« de cuivre jaune aux deux entrées des carolles du chœur. A
« droite, elles étaient couronnées par la figure en grand de saint
« Benoit, à gauche, par celle de saint Bertin ». En 1633, d'après
le même auteur, Philippe Gillocq fit achever une grandiose entrée
à la chapelle de l'Assomption. « Cette entrée était composée de
« différentes espèces de marbre dans lesquelles le blanc dominait.
« Elle était couronnée par l'image de la sainte Vierge en grand[2]. »
— Enfin, en 1634, toujours d'après Charles de Witte[3], il fit
poser de très belles orgues dans le fond de la nef transversale,
à gauche, en entrant par le portail Sainte-Croix : « Ces orgues
« étaient soutenues par deux colonnes de marbre ayant 21 pieds
« de hauteur et 6 pieds de circonférence; leur couronnement,
« représentant la figure de la sainte Vierge, touchait presque à
« la voûte de l'église. Aux deux côtés du grand buffet étaient
« deux volets d'une grandeur colossale, artistement travaillés et
« ornés de belles peintures, dont l'un reproduisait le *Triomphe
« de David envers Goliath*, au milieu d'un chœur de musique

« de la mercerie qu'on dit sur l'Escault, tenant d'une part à l'héritage de Mᵉ Adam
« Lotman, d'autre à celuy de la Vᵛᵉ Jean Tanart... »

[1] Cité par H. DE LAPLANE, t. II, p. 261.
[2] *Ibid.*, t. II, p. 264.
[3] *Ibid.*, même page.

« et de différents joueurs d'instruments ; l'autre représentait
« la *Victoire de Judith*, également au milieu des trophées de
« musique. »

Nous manquons de renseignements particuliers sur l'entrée
grandiose de la chapelle de l'Assomption, et nous ignorons quelle
part y prit Lottman. Mais si le point de départ des autres travaux
date de 1626 pour l'un, de 1634 pour l'autre, nous avons la
preuve qu'ils ne furent achevés que longtemps après. Rien de
moins étonnant, si nous considérons les dissensions qui agitèrent
l'abbaye de Saint-Bertin durant le règne de Philippe Gillocq, et
les malheurs qui fondirent ensuite sur la ville de Saint-Omer. Ces
dissensions prirent leur origine dans les vains efforts de l'abbé
pour faire admettre par ses subordonnés les nobles et utiles
réformes qu'avaient apportées à la règle bénédictine les congréga-
tions de Saint-Wanne et de Saint-Maur. Quant aux malheurs dont
nous venons de parler, ils furent dus à la guerre qui s'était ral-
lumée entre la France et l'Espagne.

L'archiduc Albert et l'infante Isabelle-Claire-Eugénie étant
morts sans enfants, la partie méridionale des Pays-Bas avait fait
retour à Philippe IV, et, pour punir ce roi des troubles que, depuis
longtemps, ses prédécesseurs et lui avaient fomentés en France,
comme aussi pour assurer à celle-ci une meilleure frontière vers
le nord, Richelieu signa, en février 1635, avec les Hollandais un
traité pour le partage des provinces belges. Après un envahisse-
ment de la Picardie, les Espagnols furent repoussés, et, en 1637,
le théâtre de la guerre se rapprocha de la Morinie. Dès le mois
d'octobre de cette année, à la suite des mouvements de l'armée
française, l'abbaye de Saint-Bertin, envahie par les villageois qui,
de toutes parts, y étaient venus emmagasiner leurs récoltes, fut
transformée en un vaste dépôt de vivres et de munitions. Afin
d'augmenter la résistance des fortifications, on éleva en hâte, sous
la direction d'un certain Père Ange, qui à sa qualité de Jésuite
joignait des talents d'ingénieur militaire, quatre demi-lunes entre
la porte Sainte-Croix et la porte Neuve. Enfin, ressource suprême,
on tendit l'inondation chargée de défendre passivement les approches de la place. Bientôt les Français établirent leur quartier
général au château d'Arques et, dans les derniers jours de mai
1638, s'emparèrent de Neuf-Fossé, de Clairmarais, de Nieur-

let, de Saint-Mommelin. Ils croyaient aussi avoir bientôt raison de
Saint-Omer, lorsque, le 4 juillet, Thomas Piccolomini et le comte
d'Isembourg accoururent à son secours et en firent lever le siège.

En se défendant glorieusement, la ville avait cruellement souf-
fert. Pendant les chaleurs caniculaires, des fièvres pestilentielles
s'y étaient développées et y avaient, en peu de temps, fait périr
800 habitants. Tandis qu'avec un zèle infatigable Philippe Gillocq
soignait les blessés dont il avait rempli son abbaye, il tomba ma-
lade, et, après avoir langui quelques jours, décéda le 16 août
1638, à l'âge de cinquante-quatre ans. Il fut inhumé dans le
caveau du milieu, sous le jubé de Lottman [1].

Lui mort, l'abbaye, à cause des troubles des Pays-Bas, resta
pendant plus de deux ans sans titulaire et fut provisoirement diri-
gée par une commission d'administrateurs [2]. Ce sont quelques-uns
d'entre eux, le sous-prieur Pattinier, assisté des chanoines Haffrenghes et Buisine, qui, en présence de maître Jean Le Borgne,
conseiller, passèrent, le 6 septembre 1640, avec Lottman un acte
« pour wider des difficultés apparentes entre eulx touchant la par-
« paye des colonnes de pierre de Rans quy soubstiennent les
« orgues et les deux clostures des carolles estantes à costé du
« doxal par luy encommenchez ». L'artiste s'engageait « à achever
« lesdictes deux clostures et y faire seize anges de pierre blanche
« albastre de grandeur proportionnée avec deux statues de saint
« Benoist et saint Bertin de semblable pierre de couleur conve-
« nable à l'ouvrage et mettre en toutte aultre chose lesdictes clos-
« tures en leur perfection conformément au modèle qu'il at
« exhibé à feu monseigneur le prélat Gillocq; saulf néantmoins
« et réservé les huys desdictes clostures. » Le dernier délai
accordé pour l'exécution était la Pentecôte de l'an 1641. En
payement, l'artiste avait droit à 2,600 florins et, en outre, à la
décharge d'une somme de 200 florins due par lui à un sieur Guillaume Meurin et pour laquelle Philippe Gillocq s'était porté caution. Ces 2,600 florins devaient lui être payés en quatre versements, d'année en année, à partir du 1er septembre 1641 [3].

1. Son inscription tumulaire a été conservée par Ch. de Witte et reproduite
par H. de Laplane, t. II, p. 279.

2 H. de Laplane, t. II, p. 285.

3 L'acte original est aujourd'hui conservé aux Archives du Pas-de-Calais, série H,

Lottman exécuta avec son exactitude ordinaire les travaux qu'il avait entrepris, et nous savons, par un reçu inscrit en marge de l'acte, que, le 21 septembre 1641, il reçut un premier acompte de 500 florins où étaient compris les 200 de Guillaume Meurin.

Entre le commencement et la fin de l'œuvre que lui avait confiée Philippe Gillocq, le sculpteur avait été, à la cathédrale de Saint-Omer, chargé de tailler une table d'autel qui, nous allons le voir, ne fut jamais achevée.

De 1627 à 1631, les chanoines de la cathédrale avaient déjà fait exécuter un travail du même genre par Tabaguet, celui-là même qui, en 1618, avait été l'entrepreneur du jubé de Saint-Bertin. Mais ils n'en avaient pas été satisfaits. Une visite du travail eut lieu par ordre du chapitre. Les archives de Notre-Dame[1] conservent le procès-verbal de cette visite, daté du 2 septembre 1631 et constatant diverses petites imperfections. Un autre procès-verbal, daté du même jour, contient l'énumération des travaux nécessaires pour perfectionner l'ouvrage. A quel parti s'arrêta le chapitre? Accepta-t-il une réduction sur le prix convenu ou contraignit-il Tabaguet à exécuter les travaux indiqués? Rien ne nous l'apprend.

Quelle qu'ait été la décision des chanoines à ce sujet, ils prirent, le 4 mars 1637, une délibération ainsi conçue :

Domini mei convenerunt cum magistro Adamo Lotman lapidum sculptore pro nova tabula marmorea ad usum majoris altaris chori hujus ecclesiæ mediante summa sex millium sexcentorum librarum sub conditionibus in contractis desuper expedito specificatis[2].

En vertu de ce contrat, Lottman commença immédiatement ses travaux, et ses lettres démontrent qu'à la fin de 1637 beaucoup de matériaux étaient réunis à Saint-Omer. Vu l'activité que le sculpteur déployait, il se serait vraisemblablement maintenu dans la limite de temps stipulée au contrat et aurait achevé tout le travail dans le délai de trois ans, si, le 26 mars 1638, les chanoines ne lui avaient ordonné de « cesser et de surcheoir à la besoigne ».

Saint-Bertin, registre du Conseil, 1618-1646, f° 233. Il est signé d'Adam Lotman, de P. Campagne et de J. Ruteau. Ceux-ci, qui ne sont pas visés par le préambule de l'acte, sont probablement des témoins. (Pièces justificatives, n° 2.)

[1] Registres capitulaires, M, f° 246 v°.

[2] Archives de l'ex-chapitre de Notre-Dame, dossier G, 2791.

Les motifs de cette suspension résultaient des menaces dont Saint-Omer était l'objet de la part des Français, et qui se manifestèrent surtout par le siège dont nous avons dit quelques mots tout à l'heure. Nous avons vu que, dès 1640, malgré la prise d'Arras, les moines de Saint-Bertin s'étaient remis à embellir leur abbaye. Les chanoines de la cathédrale se montrèrent plus pusillanimes. Après avoir longtemps hésité, ils finirent par abandonner leur nouvelle entreprise. Mais Lottman n'avait reçu qu'une partie de ses fournitures. Le règlement du reste fut long à venir, et ce fut seulement le 21 novembre 1642 qu'un traité conclu avec l'artiste lui assura le payement du solde, qui s'éleva à 80 florins.

Par suite de l'abandon de son projet, le chapitre se trouva avoir dépensé inutilement 2,770 florins 5 patards. L'autel de Tabaguet fut donc conservé, malgré ses défauts, et subsista jusqu'à une transformation radicale du chœur accomplie à partir de 1752[1].

VII

ADAM LOTTMAN ENTREPREND UN NOUVEAU DOXAL AUX FRAIS DU CHANOINE LE PIPRE POUR L'ÉGLISE SAINT-AMÉ A DOUAI. — LA MORT DU CHANOINE DEVIENT LA CAUSE DE NOMBREUX PROCÈS. — L'ARTISTE ACHÈVE LE DOXAL EN 1647.

Tout en continuant à travailler pour la ville de Saint-Omer, Lottman, dont la réputation était alors, dans tout le sud des Pays-Bas espagnols, devenue sans rivale en matière de grandes sculptures décoratives, fut chargé d'une œuvre considérable pour la ville de Douai : œuvre qui, après avoir attiré à notre artiste de nombreux déboires, demeura pendant près de deux siècles l'un des plus célèbres témoignages de son talent.

Fondée dans cette ville vers l'an 950, sous le règne d'Arnoul Ier, comte de Flandre[2], la collégiale de Saint-Amé tirait son nom d'un

[1] Nous extrayons ces renseignements de l'étude de M. L. DESCHAMPS DE PAS sur *l'Église Notre-Dame de Saint-Omer, d'après les comptes de fabrique et les registres capitulaires*, 2ᵉ partie, publiée en 1893.

[2] De vives controverses se sont élevées au sujet de la fondation de la collégiale de Saint-Amé, que certains prétendent faire remonter jusqu'à 870 ou 874. La date que nous indiquons résulte de quatre diplômes du onzième siècle. C'est celle

ancien évêque de Sens devenu abbé de Merville, dont les reliques, transportées à Soissons durant les invasions normandes, furent ensuite amenées à Douai. Elle était surtout célèbre par un miracle qui, selon Thomas de Cantimpré, évêque de Luzens, mort vers 1280, et d'autres auteurs, y serait arrivé le mardi de Pâques de l'an 1254, miracle dans lequel Jésus se serait simultanément montré sous la triple forme d'enfant, d'homme souffrant et de juge [1].

Dans la première moitié du dix-septième siècle, la collégiale de Saint-Amé eut à sa tête un homme riche, l'Artésien Jean Le Pipre, qui se plut à donner des marques nombreuses de générosité. C'est ainsi qu'en 1630, les membres de la confrérie du Saint Sacrement, fondée en souvenir du miracle de 1254, ayant présenté une requête au chapitre qu'il présidait, afin d'obtenir un subside pour restaurer leur chapelle, et leur demande ayant été accueillie d'une manière peu favorable, Le Pipre remplaça, de ses deniers personnels, la chapelle délabrée par une nouvelle église qu'il relia à la collégiale. C'est encore ainsi qu'en 1632 il acheta à Douai, moyennant 4,000 florins, une maison qu'il donna aux Révérends Pères de Saint-Augustin [2]. Six ans après, il mit le comble à sa munificence en offrant à l'église de Saint-Amé un doxal destiné à en remplacer un plus ancien qu'avait jadis magnifiquement décoré le grand peintre douaisien Jean Bellegambe [3], évènement que, le 28 novembre 1638, le chapitre célébra par un grand banquet dont il fut le héros [4].

Pour l'exécuter, Lottman était signalé par ses travaux analogues, dont s'enorgueillissaient les villes voisines. Aussi Le Pipre s'empressa-t-il de s'adresser à lui. L'acte fut passé le 9 septembre 1639. Nous n'en possédons pas le texte, mais la substance nous en est

à laquelle s'est arrêté M. Félix Brassart dans son mémoire intitulé : *Établissement de la collégiale de Saint-Amé*, publié à Douai en 1872.

[1] Voir l'étrange ouvrage de Thomas DE CANTIMPRÉ, *De apibus bonum universale*, imprimé pour la première fois en 1498.

[2] Voir, sur ces deux faits, Jacques LEGROUX, dans un ouvrage manuscrit conservé à la Bibliothèque de Lille.

[3] Voir, sur ce jubé, RAYSSIUS, *Hierogazophylacium Belgicum*, Douai, 1628, p. 34, et M. DEHAISNES, *la Vie et l'œuvre de Jean Bellegambe*, Lille, 1890, ch. III.

[4] Voir les comptes de Saint-Amé, conservés aux Archives départementales du Nord. D'après un article de celui de 1638-1639, le banquet fut donné à Le Pipre « pour le remercier du don par luy fait pour ériger un nouveau doxal ».

donnée par un acte postérieur[1]. Outre la signature de Le Pipre, il portait celles de deux autres chanoines, les sieurs Léonard de Ligny et Isaac Legrand, prêtre et écolâtre de Saint-Amé. Pour sa nouvelle entreprise, Lottman s'était associé un architecte, Bon Housseau, bourgeois de Douai, un instant échevin et capitaine d'une compagnie bourgeoise, qui s'obligeait solidairement avec lui.

Écrit avec beaucoup de négligence et non daté, le devis du doxal existe aux Archives du Nord. Il est en fort mauvais état, l'encre étant pâlie par le temps, le papier moisi et en partie détruit par l'humidité[2]. Tel quel, malgré ses lacunes et ses incorrections, il nous permet de nous faire une idée des principales dispositions et de la décoration de l'ouvrage.

Au premier plan, dominant un seuil en pierre de Tournai, se dressaient quatre piédestaux de jaspe poli et lustré, sur lesquels étaient posées autant de colonnes de jaspe d'ordre dorique, haute chacune de sept pieds, avec des bases de marbre veiné de blanc et de noir. Ces colonnes supportaient une architrave de marbre noir de Namur. La frise était ornée de têtes d'anges en albâtre. Au-dessus de chaque colonne, une console de pierre de Rance servait de « piétement » à des statues des quatre évangélistes, ayant chacune 3 pieds 1/2 de haut, taillées dans la pierre d'Avesnes, et assises dans des niches. Chaque niche était couronnée par un « domme » « taillé en rondeur », surmonté d'un vase en pierre de Rance, et environné chacun de trois petits anges de deux pieds de haut, en pierre d'Avesnes, « tenant en leurs mains des paniers de fleurs « et autres fruitaiges ».

Entre ces premières niches, appuyées sur les architraves des colonnes, s'arrondissaient trois « arcures » formées de cinq bandes de marbre noir, sur la clef de chacune desquelles s'appuyaient d'autres niches plus grandes. Au centre du doxal, l'une d'elles, en pierre de Tournai, devait contenir un groupe en pierre d'Avesnes,

---

[1] L'acte du 9 juin 1644, dont nous parlerons plus loin. Cet acte, comme tous ceux dont nous nous servirons dans ce chapitre, est conservé par les Archives départementales du Nord, fonds de Saint-Amé, portefeuille n° 29. Ce portefeuille, dans lequel nous puiserons largement, ne contient pas moins de cent soixante-neuf pièces, toutes relatives au doxal et aux divers procès dont il fut l'origine.

[2] Pièces justificatives, n° 21. Cet acte a été transcrit avec beaucoup de soin par M. Dehaisnes, ancien archiviste départemental du Nord, qui a bien voulu nous le signaler et nous communiquer sa copie. Nous l'en remercions vivement.

haut de 4 pieds, où la Vierge porterait sur ses genoux l'Enfant Jésus. Cette niche était, sur tout son pourtour, ornée de moulures de pierre de Rance ; au sommet, d'une étoile, et, sur les côtés, d'une fleur de lis et d'une rose. Deux autres niches devaient renfermer les statues de saint Amé et de saint Maurand, abbé de Marchiennes et de Merville, patron de Douai, également en pierre d'Avesnes, et de quatre pieds de haut. L'intervalle des niches était comblé par des tables de pierre surmontées de petits balustres. Le tout était couronné par une architrave portant un crucifix, avec la Vierge et saint Jean.

Au second plan se dressait un mur orné de colonnes correspondantes à celles de la façade. Entre celle-ci et le mur de fond s'arrondissaient trois voûtes que dessinaient, sur le devant, les trois « arcures » dont nous avons parlé. Celle du centre conduisait au chœur ; celles latérales, à deux niches enrichies de marbre de Rance, renfermant les statues de saint Pierre et de saint Paul, en pierre d'Avesnes de 5 pieds 1/2 de haut. Ces statues devant plus tard recouvrir des sépultures, étaient accompagnées de tables de marbre destinées à recevoir des inscriptions.

Au-dessus de l'entrée du chœur, un bas-relief semi-circulaire figurait « l'image du Sauveur, les (bras) estendus, environné de « testes d'anges ».

La partie postérieure du doxal reproduisait les dispositions générales de la façade et ne devait guère être moins riche ; mais, vu le délabrement du texte sur lequel nous nous appuyons, les détails nous en échappent quelque peu.

Dans la description que nous venons de donner, nous avons, à dessein, sauté beaucoup de particularités relatives aux moulures, aux rinceaux, aux guirlandes de fruits, qui, dispersés de toutes parts, donnaient au doxal un aspect fort luxueux. Ce que nous avons dit suffit à nous faire comprendre que, dans son ordonnance principale, avec ses quatre niches appuyées directement sur les colonnes, et, à l'étage supérieur, ses trois autres niches appuyées sur la clef de voûte des arcades, il rappelait ceux précédemment construits à Saint-Bertin et à Notre-Dame-la-Grande. Ajoutons que, pour certaines figures, l'artiste était tenu, en vertu du traité qu'il avait signé, de s'inspirer de celles du « repositoire » de la célèbre abbaye d'Anchin, située non loin de Douai.

En vertu de ce même marché, Lottman et Housseau avaient droit à une somme totale de dix mille florins[1]. Moyennant ce prix, ils devaient livrer non seulement les matériaux de toutes les parties visibles du nouveau doxal, mais encore le fer, le plomb, les briques et le mortier, plus les hourdages et les cordes nécessaires à sa construction. Sauf pour quelques sculptures, parmi lesquelles un crucifix et ses accessoires, échangées contre les trois petites figures du couronnement, ils ne pouvaient disposer des fragments du vieux doxal qu'en en tenant compte au chapitre de Saint-Amé. Nous verrons plus tard l'application de cette clause donner lieu à un gros procès.

Jean Le Pipre mourut peu de temps après avoir conclu le traité que nous venons d'analyser, soit en 1640, soit dans les premiers mois de 1641, puisque, dans le courant de cette année, sa prébende fut attribuée à un autre, et qu'en 1642 les comptes de la collégiale constatent qu'on célébra son obit anniversaire. Le Pipre avait constitué pour ses légataires universels les Pères Augustins, les Pères Brigittins et le chapitre de Saint-Amé; il avait, en outre, chargé de surveiller l'exécution de son testament Isaac Legrand et Paul Huslin, vice-pasteur de Saint-Amé[2].

La mort de Le Pipre n'arrêta pas les travaux du doxal, dont, par les comptes de la collégiale, nous savons que la première pierre fut posée en 1643, avec payement aux ouvriers d'une gratification de vingt-quatre livres. Mais la façon dont ses exécuteurs testamentaires interprétèrent ses dernières volontés suscita de nombreuses difficultés. En effet, au lieu de se réserver la disponibilité des sommes devant revenir plus tard à Housseau et à Lottman, ils versèrent aux Pères Augustins tout l'actif brut de la succession, défalcation faite seulement des dettes exigibles. De telle sorte que, lorsque le sculpteur réclama les acomptes auxquels il avait droit, il ne put rien obtenir. C'est pourquoi, par une lettre écrite de Valenciennes, le 30 juin 1643[3], à un sieur Silvius, « docteur de la saincte « théologie, doien du vénérable chapitre de Saint-Amé à Douay », nous le voyons demander que ce chapitre se joigne à lui pour

---

[1] Nous empruntons ce chiffre à un jugement d'avant faire droit rendu par le Grand Conseil de Malines le 9 novembre 1647. (Pièces justificatives, n° 36.)

[2] Nous trouvons leur nom dans le second des actes du 9 juin 1644 cités ci-dessous, Pièces justificatives, n° 26.

[3] Pièces justificatives, n° 22.

attraire en justice les deux exécuteurs testamentaires tant ès qualité qu'en leur nom personnel, à raison de la faute qu'ils avaient commise.

Ce procès eut-il lieu ? Nous l'ignorons. En revanche, nous savons qu'un autre procès se déroulait alors devant le Grand Conseil de Malines. Mᵉ Renon Damiens, « licentié ès-loix, chanoine de Saint-« Géry en Cambray », et d'autres neveux de Le Pipre, avaient, en effet, assigné les Pères Augustins, les Pères Brigittins, le chapitre de Saint-Amé et les exécuteurs testamentaires, en nullité de l'acte de dernière volonté de leur oncle. Ayant conclu à être, par provision, déclarés héritiers *ab intestat,* ils virent, le 26 septembre 1643 [1], leur demande accueillie ; ils entrèrent donc en jouissance des biens de la succession, à charge de donner caution suffisante de satisfaire en temps utile les créanciers et les légataires.

Cependant Housseau et Lottman, après avoir démoli l'ancien doxal et pratiqué des fouilles pour établir les fondations du nouveau, présentèrent requête au Conseil supérieur de Malines, afin d'être autorisés à demander payement de leur travail aux chanoines de Saint-Amé. Comme riposte, ceux-ci qui, non sans raison, trouvaient défectueuses et insuffisantes les fondations préparées par Bon Housseau, et qui, en outre, se plaignaient de voir depuis trop longtemps le chœur de leur église ouvert et encombré de matériaux, appelèrent devant la même juridiction l'architecte et le sculpteur afin qu'ils fussent déclarés tenus de rétablir le vieux jubé ou d'achever l'autre. Le 30 janvier 1644, jour du premier appel de la cause, Housseau et Lottman ne se présentèrent pas. L'affaire fut appelée de nouveau le 12 mars, puis le 6 avril. A cette date les défendeurs opposèrent l'incompétence du Grand Conseil de Malines. Ce à quoi les chanoines répondirent que l'un des défendeurs habitant Valenciennes, et l'autre Douai, si l'action avait été portée devant le juge ordinaire et compétent de chacun, le même procès aurait été soumis à deux tribunaux différents, inconvénients qu'on éviterait en le retenant devant la cour de Malines, souveraine de toutes les parties. Ils ajoutèrent que les défendeurs avaient eux-mêmes reconnu la compétence de cette cour en lui demandant de condamner les chanoines de Saint-Amé au payement du doxal.

[1] Pièces justificatives, nᵒ 23.

Aucune de ces raisons n'était bonne, la première parce que, les deux défendeurs étant tenus *in solidum*, l'instance pouvait, au choix du demandeur, être portée devant le juge naturel de l'un ou de l'autre ; la seconde, parce que chaque demandeur, dès qu'il n'agissait point par voie reconventionnelle, devait évidemment suivre, à l'égard de son adversaire, la règle : *Actor sequitur forum rei* [1]. Néanmoins, renonçant dès le 7 mai 1644 à leur exception d'incompétence, Housseau et Lottman conclurent au fond et se déclarèrent prêts à achever sans délai le nouveau doxal si on les payait conformément à leur accord [2].

Sur ces entrefaites intervint à Douai, le 9 juin, devant deux notaires d'Artois, un acte qui prépara l'apaisement des hostilités. Pour des motifs tirés peut-être de la faute qu'il avait commise en construisant de mauvaises fondations, Housseau renonça entièrement à l'entreprise du doxal, dont il laissa désormais toute la charge et tous les avantages à son collègue. Celui-ci devait lui restituer les sommes qu'il avait payées pour acquisition de matériaux, sommes montant à huit cent vingt-six florins six patards six deniers artois, y compris trois cents florins pour intérêts. En vertu d'un acte du 17 décembre 1641, passé avec le chanoine Legrand en sa qualité d'exécuteur testamentaire, Housseau s'était vu céder une créance de pareille somme sur un autre chanoine nommé Jean Dubois. Il transmit tous ses droits à Lottman, qui, si la créance devenait mauvaise en tout ou en partie, devait supporter la courteresse. En cas de difficulté, les deux anciens associés choisissaient pour juges « Messieurs du Conseil d'Arthois », et Lottman élisait domicile à Douai. Le même jour, cet acte fut approuvé par les exécuteurs testamentaires de Le Pipre, ainsi que par Nicolas de Lannoy, trésorier du chapitre de Saint-Amé, Charles du Four et François Molle, tous deux prêtres et chanoines, agissant en qualité de « députés » du chapitre [3].

Une fois maître d'agir à sa guise, Lottman s'empressa de régler la question des fondations litigieuses. Dans ce but, il signa avec les représentants de la collégiale un compromis par lequel les parties

[1] Pièces justificatives, n° 24.
[2] Pièces justificatives, n° 25.
[3] Les deux actes du 9 juin 1644, qui se font suite, sont reproduits aux Pièces justificatives, n° 26.

s'obligeaient à soumettre cette question à deux arbitres amiables compositeurs, chacun désigné par l'une d'elles, avec faculté de s'en adjoindre eux-mêmes un troisième. Le 2 juillet 1644, le chapitre ayant pris pour arbitre un sieur Louis Le Simon, maître maçon à Douai, Lottman déclara le choisir également, et jura de se soumettre à sa décision souveraine. La visite des lieux se fit sans désemparer. Louis Le Simon constata certaines défectuosités provenant, les unes de l'insuffisance des massifs déjà construits, les autres de l'emploi de mauvais matériaux, et Lottman promit d'y porter remède[1].

Mais, loin d'être ensuite améliorées conformément à cet arbitrage, les fondations préparées par Housseau furent totalement abandonnées, et les chanoines prirent, nous ne savons pour quel motif, un parti radical : celui de changer l'emplacement du doxal. En effet, dans une lettre écrite de Saint-Omer en 1658[2], Lottman rappelle qu'on le lui a fait poser dans un lieu autre que celui désigné par son marché avec Le Pipre, et le Père Ignace, qui vivait au dix-huitième siècle, nous dit que, de son temps, placé à l'extrémité de l'église, le jubé supportait les orgues[3].

Quoi qu'il en soit, peu de semaines après l'arbitrage, Lottman reçut des chanoines, au nom et à la décharge des héritiers Le Pipre, huit cents florins qui lui permirent de donner une nouvelle impulsion aux travaux du doxal[4]. Mais ces fonds ne tardèrent pas à être dévorés, et le 5 juin 1645, par l'entremise du prêtre Lespillet, secrétaire du chapitre, le sculpteur faisait parvenir aux chanoines une lettre par laquelle, en réponse à une demande relative à l'état d'avancement de son travail, il sollicitait une avance de trois cents florins, qu'il s'obligeait à rembourser sur les premières sommes qu'il toucherait de la succession Le Pipre[5]. On les lui refusa et, le 9 juin[6], Lottman insista de nouveau, en annonçant qu'il serait contraint de laisser l'œuvre imparfaite si on ne venait pas pécuniairement à son secours. Sur un nouveau refus, l'artiste

[1] Pièces justificatives, n° 27.
[2] Pièces justificatives, n° 42.
[3] Bibliothèque des manuscrits de la ville d'Arras, *Mémoires* du Père IGNACE, t. IV, p. 216, et *Additions aux Mémoires*, p. 230.
[4] Pièces justificatives, n° 28.
[5] Pièces justificatives, n° 30.
[6] Pièces justificatives, n° 31.

déclara le 23 juin[1] qu'il avait « les mains lyées ». N'ayant pu
encore obtenir du Grand Conseil de Malines de titre exécutoire
contre les héritiers de Jean Le Pipre, il avait reçu de Renon
Damiens, l'un d'eux, quelques avances bénévoles; mais cet héri-
tier déclarait ne plus vouloir rien verser jusqu'à ce que son propre
procès avec les Brigittins, les Augustins et le Chapitre eût été jugé
au fond. Lottman finit donc par prier les chanoines de Saint-Amé
d'intervenir auprès du Grand Conseil de Malines, afin que ce tribunal
ordonnât, par provision, que les trois cents florins lui seraient versés
sur les biens de la succession.

Que cette demande ait été accueillie ou non, le doxal ne tarda
pas à être inauguré, car, dans les comptes du chapitre, on trouve
que, le 19 octobre 1645, une somme de douze livres fut versée
aux ouvriers de Lottman « pour se récréer ayant achevé ledit doxal ».

L'achèvement n'était pourtant pas complet; et l'œuvre manquait
encore de certaines parties accessoires. D'après son contrat, nous
avons vu qu'en échange du crucifix du vieux doxal et de ses accessoires, Lottman devait placer au sommet les trois images du Christ
en croix, de saint Jean et de la Vierge, chacune en pierre d'Avesnes,
de trois pieds de haut. Une fois le monument élevé à sa hauteur
définitive, on s'aperçut que ces figures produisaient l'effet le plus
mesquin. Aussi le sculpteur résolut-il de donner à son crucifix une
taille double, de l'exécuter en bois, et de supprimer, en revanche,
les deux statues accessoires. Suivant lui, ce crucifix, « curieuse-
« sement faict comme le doxal », vaudrait à lui seul le triple des
trois figures d'abord projetées. Le 7 août 1647[1], il demanda au
chapitre de Saint-Amé de lui fournir en supplément le bois nécessaire pour exécuter la croix; puis, dès qu'elle serait mise en place,
de soumettre le monument entier à des experts afin de faire constater ensuite, par acte authentique, son achèvement total[2]. Cette
pièce lui fut délivrée après que les experts eurent déclaré que,
par suite des augmentations entraînées par son déplacement, le
doxal valait au minimum onze cent quarante florins de plus qu'il
ne devait être payé[3].

---

[1] Pièces justificatives, n° 32.

[2] Lettres des 8 juillet et 7 août 1647. Pièces justificatives, n°⁵ 34 et 35.

[3] Cette expertise est mentionnée dans une lettre écrite en 1658 de Saint-Omer.
(Pièces justificatives, n° 42.)

Ayant ainsi donné entière satisfaction aux chanoines, Lottman, retourna vers les héritiers Le Pipre, en vue desquels la pièce qu'on vient d'indiquer avait été spécialement réclamée. L'expertise qui l'avait précédée n'ayant pas été contradictoire à l'égard de ces héritiers, le Grand Conseil de Malines ordonna, le 9 novembre 1647, à Renon Damiens et consorts, d'un côté, à Lottman, de l'autre, de choisir chacun un nouvel expert chargé d'examiner le doxal, d'en indiquer au besoin les défauts, et, s'ils n'y trouvaient rien à refaire, d'en opérer la prise de livraison au nom des hoirs Le Pipre. Cependant, et par provision, la cour condamnait ceux-ci à payer à Lottman deux mille cent cinquante et un florins dix-sept sous qui, ajoutés aux acomptes reconnus par le sculpteur, devaient compléter les dix mille florins que lui avait promis le chanoine défunt; elle les condamnait encore aux deux tiers des dépens, l'autre tiers étant réservé [1].

Cette seconde expertise ayant, autant que l'autre, été favorable à Lottman, celui-ci obtint, le 13 avril 1650, un jugement définitif qui liquida le solde de sa créance à deux mille six cent quarante et un florins dix-sept patards. En vertu de « lettres exécutorialles » qu'il reçut le 26 avril, il fit peu de temps après, — à défaut d'autres biens, la plupart situés au pays d'Artois où, nous dit une pièce de procédure du 1er avril 1651, les huissiers ne pouvaient « aller ny « cheminer à raison des ennemis Franchoys », — saisir une rente dépendant de la succession Le Pipre. Après avoir triomphé d'une opposition des héritiers [2], il voulut saisir encore les biens de Damiens, mais il apprit qu'ils étaient frappés de fidéicommis et que, personnellement, leur détenteur se trouvait insolvable [3]. Bref, renvoyé sans cesse « de Caïf à Pilate », il n'était pas encore intégralement réglé en 1658.

[1] Pièces justificatives, n° 36.
[2] Pièces justificatives, n° 37.
[3] Pièces justificatives, n° 42.

VIII

PROCÈS D'ADAM LOTTMAN AVEC LES CHANOINES DE SAINT-AMÉ. — IL QUITTE
VALENCIENNES ET VA S'ÉTABLIR A SAINT-OMER. — SA MORT.

On pourrait croire qu'en triomphant enfin de la résistance des
héritiers Le Pipre, Lottman était arrivé au bout de ses peines.
Quelle erreur ! Il vivait au milieu des procès depuis dix ans déjà ;
il allait y rester jusqu'à sa mort.

Dès le 5 février 1649, dans une lettre qu'écrivait le sculpteur au
prêtre Lespillet, secrétaire du chapitre de Saint-Amé [1], nous constatons l'existence de sérieuses difficultés entre ce chapitre et lui. Les
chanoines lui réclamaient le prix de plomb et de bois provenant
du vieux doxal et qu'il avait employés au nouveau. Ils lui réclamaient, en outre, diverses sommes, dont 152 florins touchés d'un
certain chanoine Savary, qu'ils soutenaient avoir été versés à titre
de prêt, tandis que Lottman prétendait les avoir reçus pour le
compte des héritiers Le Pipre. A cela venaient s'ajouter quelques
réclamations accessoires, l'une, entre autres, relative à certaines
figures du nouveau doxal — figures de bois, probablement, —
que les chanoines prétendaient n'avoir pas été bien « albâtrées »
par le peintre que Lottman avait préposé à cette besogne. Ils voulaient avoir à ce sujet l'attestation d'un autre peintre qui avait fait
subir la même opération au « répositoire du Saint-Sacrement » de
l'abbaye d'Auchin ; mais ce second peintre déclara que le premier était fort habile et qu'il le savait pour avoir albâtré avec
lui, à l'abbaye de Vicoigne, l'histoire de saint Blaise placée autour
de l'église [2]. Fort de cette réponse, Lottman demanda à ses adversaires de formuler d'autres griefs précis, s'ils avaient à en faire
valoir, s'engageant à réparer tous les défauts qui seraient reconnus
exister dans son ouvrage.

[1] Pièces justificatives, n° 39.

[2] Lottman avait-il aussi travaillé pour cette abbaye ? L'hypothèse en a été émise
par Louis Cellier, au sujet de bas-reliefs en bois provenant de Vicoigne et actuellement placés dans l'église Saint-Géry, à Valenciennes, où ils sont d'habitude
attribués à Pierre Schleiff. (*Catalogue du Musée de Valenciennes*, 1860.) L'opinion de Cellier n'a rien d'invraisemblable, mais nous ne la discuterons pas, ne

Par malheur, loin de s'arranger, les choses s'envenimèrent peu
à peu, et Lottman finit par être attrait en règlement de compte
devant le Grand Conseil de Malines. Celui-ci donna raison aux chanoines, qui, par une lettre du 26 juillet 1651, émanée de leur procureur Desgrousiliers, reçurent en ces termes, encore tout chauds
du combat, la confirmation de leur succès : « Avant-hier, j'ay
« advisé Messieurs du chapitre qu'ils avoient gaignez leur procès
« conformément leur intention, avecq despens à la charge d'Adam
« Lotman, quy at esté plus dompté qu'un fondeur de cloches. Mais
« quoy! luy quy n'est non plus scavant que ce qu'on luy faict
« entendre,...... il payera les pots cassés [1] !..... »

Alors commença contre Lottman une série de procédures d'exécution qui durèrent plusieurs années. Parmi les sommes qu'on lui
réclamait, il ne se reconnaissait débiteur que de 89 florins 14 patards
pour le prix du bois et du plomb provenant du vieux doxal, ce
qui, ajouté à diverses sommes reçues à titre de prêt, faisait 179 florins en principal et 242 florins 18 patars, où à peu près, avec les
frais [2]. Mais cet argent était calculé au « ault crie », et, d'après les
placards, devait subir une réduction de 38 pour 100. En outre,
nous avons dit que les experts choisis pour recevoir le travail du
sculpteur avaient déclaré que, par suite du déplacement qu'il
avait subi et des adjonctions qui y avaient été apportées, le doxal
exécuté valait 1,140 florins de plus que celui prévu au marché. En
considération de ce fait, Lottman espérait que les chanoines lui
feraient remise, au moins en partie, des 242 florins 18 patars auxquels ils avaient droit [3]. Parvint-il à convaincre ses adversaires?
Nous savons seulement qu'il finit par s'abandonner « à leur discré-
« tion et à la providence de nostre bonc Dieu ».

A l'époque où se placent ces négociations, Lottman avait quitté
Valenciennes et était allé s'installer à Saint-Omer : « Je serais
devenu », écrivait-il aux chanoines de Saint-Amé pour essayer de
les apitoyer, un « pauvre misérable » « n'eut esté que monsei-

voulant, dans cette biographie, nous appuyer que sur des données absolument
authentiques.

[1] Pièces justificatives, n° 41.

[2] Dans sa lettre du 5 février 1649, citée ci-dessus, Lottman ne se reconnaissait
débiteur que de 78 florins 14 patards 3 liards.

[3] Nous tirons ces renseignements de trois lettres écrites par Lottman, de Saint-
Omer, en 1658. (Pièces ustificatives, n°ˢ 42, 43 et 44.)

« gneur le prélat de Saint-Bertin at eu compassion de moy à cause
« des fidels service que j'ay faict aultres fois..., tellement que ledit
« sieur prélat m'a donné, ma vie durant, une maison, jardin et
« autre bénéfice pour moy vivre avec ma femme, et il se serve
« encore de moy pour faire des pourtraict pour les ouvrages qu'il
« préten faire avec le temps [1]. »

Le prélat de Saint-Bertin qui pourvut ainsi d'un honorable refuge
Adam Lottman et Anne Andrieu fut ou Antoine Laurin, qui gouverna l'abbaye de 1641 à 1650, ou, plus vraisemblablement, François de Lières, qui la gouverna de 1650 à 1674.

Le règne du premier se trouva, en effet, être des plus troublés,
tant par les dissensions intérieures qui déchirèrent l'abbaye et ame-
nèrent même la populace de Saint-Omer à la piller en partie, que
par la continuation de la guerre entre la France et l'Espagne. Ces
dissensions naquirent des efforts souvent maladroits d'Antoine
Laurin, d'abord soutenu par la cour d'Espagne, puis abandonné
par elle, pour faire adopter par l'ensemble de ses religieux les
réformes de Saint-Wanne et de Saint-Maur, belle entreprise dans
laquelle il échoua non moins que Philippe Gillocq. Quant à la
guerre, Graveline fut pris par le duc d'Orléans, le 6 septembre 1644;
Linck, Bourbourg, Béthune, Cassel, Estáires, Saint-Venant, se
trouvèrent, un mois après, au pouvoir des Français, et Saint-Omer
bloqué, surtout du côté d'Arques et de Watten. Après une accal-
mie, Condé, le 20 août 1648, remporta la victoire de Lens. Au
milieu de tels événements, on conçoit qu'Antoine Laurin n'ait
guère eu le temps de s'occuper des arts et des artistes [2].

Après lui, le roi d'Espagne, moins sage que l'Empereur, ayant
refusé d'adhérer aux traités de Westphalie, la guerre continua
pendant plusieurs années à ravager l'Artois, le Cambrésis et le Hainaut. En 1656 eut lieu le fameux siège de Valenciennes, qui,
brillamment commencé par les Français, se termina par la défaite
du maréchal de La Ferté et de Turenne [3]. Peut-être fut-ce aux

[1] Lettre du 12 octobre 1658. (Pièces justificatives, n° 44.)

[2] Il fut inhumé dans un des caveaux du jubé, au-dessous de la statue du Christ
tenant la croix, statue qui peut-être est celle que conserve aujourd'hui, à Saint-
Omer, l'église paroissiale de Saint-Denis.

[3] Cet événement servit de thème à une énorme toile que, de 1659 à 1662,
la ville fit peindre par Pierre Snayers, dont plus tard, mais à tort, l'œuvre a été
attribuée à son élève Van der Meulen.

approches de ce siège que Lottman quitta sa patrie d'adoption pour
venir habiter la Morinie. S'il y chercha le repos, son calcul ne fut
qu'en partie justifié par l'événement, car en 1657, les Espagnols
assiégèrent Lillers, et les Français Calais, Saint-Venant, Bourbourg,
ainsi que tous les châteaux des environs de Gravelines. Accomplis
non loin de Saint-Omer, ces faits de guerre inquiétaient sans cesse
la ville, y entretenaient de perpétuels mouvements de troupes.
L'abbé François de Lières projetait sans doute de nouveaux embellissements par son église ; il en arrêtait les plans avec Lottman,
mais ces plans, il ne put songer à les exécuter que plus tard, après
la suspension des hostilités entre la France et l'Espagne, le 17 mai
1659, et surtout le traité des Pyrénées, signé le 7 novembre 1659,
traité qui, en préparant des luttes futures par le mariage de
Louis XIV avec l'infante Marie-Thérèse, donna immédiatement à la
France tout l'Artois, à l'exception d'Aire et de Saint-Omer. Ce fut,
en effet, ultérieurement que François de Lières consacra, dans son
église, les nouveaux autels de l'Assomption, de Saint-Jacques, de
Saint-Philippe et de Saint-Nicolas[1].

Lottman vit-il la paix des Pyrénées, et l'inauguration de ces
nouveaux autels, au dessin desquels il n'était sans doute pas resté
étranger? Nous l'ignorons. Dans une lettre écrite de Saint-Omer,
en 1658, à une date que la vétusté du papier empêche de déterminer avec plus de précision, l'artiste déclare qu'il est dans une
« grande vielles et presque toujours détenu au lict ». Combien
vécut-il encore? Rien ne l'indique. Puisque l'abbé de Saint-Bertin
lui avait octroyé la jouissance viagère d'une maison, on peut affir-
mer qu'il y est mort. Néanmoins, nous avons en vain fait recher-
cher son acte d'inhumation. A Saint-Omer, les registres des paroisses sont, pour le dix-septième siècle, pleins de désordre et de
lacunes; dans ceux qui subsistent, les naissances et les mariages se
trouvent confondus avec les décès. Quant aux tables, elles ne com-
mencent qu'en 1700. Un dépouillement général pourrait seul
mettre au jour, s'il existe encore, l'acte recherché. En attendant sa
découverte, nous pensons qu'en fixant à l'an 1660 la mort du
sculpteur, on ne se trompera pas de beaucoup.

Dans ses discussions avec les chanoines de Saint-Amé, nous

[1] *Les Abbés de Saint-Bertin*, t. II, p. 293 à 325

avons vu Lottman se plaindre de sa situation pécuniaire et se faire,
longtemps prier et poursuivre pour payer les 242 florins 18 patards
qui lui étaient réclamés. Tout montre néanmoins que l'artiste
mourut dans une position aisée. Nous savons, en effet, qu'il possé-
dait à Valenciennes une maison qui, jusqu'à la fin du dix-septième
siècle, était connue sous son nom [1]. Les registres de la confrérie
de Saint-Luc nous apprennent en outre qu'il avait prêté à celle-ci
des sommes dont elle lui payait la rente [2].

IX

DESTRUCTION DE LA PLUPART DES ŒUVRES DE LOTTMAN. — CONSERVA-
TION DU SEUL RETABLE DE CALAIS. — APPRÉCIATION DU TALENT
DE L'ARTISTE.

Tandis que ses somptueux ouvrages continuaient à faire l'ornement des églises de Valenciennes, de Saint-Omer, de Calais et de
Douai, le nom d'Adam Lottman semble être rapidement tombé dans
l'oubli. Très vanté par Simon Le Boucq, on ne le trouve plus guère
cité par les écrivains du dix-huitième siècle. Lefebvre, l'historien
de Calais, n'ignore pas moins son nom que Millin, et l'auteur du
colossal retable de l'église Notre-Dame leur reste inconnu.

Pour comble de malheur, la vente comme biens nationaux, et la
destruction d'un grand nombre d'églises à l'époque révolution-
naire, vinrent donner le coup mortel à la plupart de ses œuvres.

A Valenciennes, furent renversées celles de Notre-Dame de
la Chaussée et de Notre-Dame-la-Grande. Cette dernière, bien que
criblée d'obus, avait résisté au terrible siège de 1793 et avait vu,
le 21 janvier 1794, sous la domination autrichienne, célébrer,
seule en France, un service anniversaire en l'honneur de Louis XVI.

[1] Acte du 27 août 1700, cité plus haut.
[2] On trouve dans le registre des comptes de 1661 un article ainsi conçu :
« A Adam Morisson au lieu de Mᵉ Adam Lotman pour une année de rente à
« lui deue par led. mestier des pinttres escheue au ijᵉ 7ᵇʳᵉ 1661. . . . 15 l. »
Une mention analogue se trouve reproduite dans les comptes ultérieurs de la
corporation jusqu'en 1671.
Adam Morisson était-il un filleul et un légataire d'Adam Lottman ? Peut-être. En
ce cas, l'artiste aurait été mort à cette date, ce qui confirmerait notre hypothèse.

Jugeant ensuite trop difficile de la réparer, on aima mieux la démolir [1].

A Saint-Omer, les anciennes paroisses de Sainte-Aldegonde, de Saint-Jean, de Saint-Martin et de Sainte-Marguerite, ayant été supprimées, l'église de l'abbaye devint, en 1791, le centre d'une paroisse nouvelle; puis, elle fut transformée en hôpital militaire et reçut, en 1793, quelques-uns des blessés de la bataille d'Hondschoote. Enfin, le 18 mars 1799, on l'adjugea à Arras comme bien national, moyennant 12,000 francs, à charge, par les acheteurs, de la démolir dans un délai fixé, à l'exception de la tour. En 1811, la ville de Saint-Omer racheta les ruines de l'église et la tour elle-même, qui, aujourd'hui encore, se dresse avec orgueil [2].

Mais, de 1792 à 1800, avait été démonté le jubé de Lottman et ses débris détruits ou dispersés. Qu'en retrouve-t-on? Peu de chose; rien peut-être. L'église Saint-Denis, à Saint-Omer, possède une fort belle statue du Christ qui passe pour en provenir et qui, si elle est réellement de notre sculpteur, lui ferait le plus grand honneur. A Dunkerque, l'église Saint-Éloi possède aussi des devants de pilastres en marbre blanc, ornés de fleurs et de fruits, auxquels certains attribuent la même origine, origine que H. de Laplane considère comme très douteuse [3].

La clôture de chœur exécutée par Lottman, à Saint-Bertin, n'a pas laissé plus de traces. Quant aux colonnes de marbre de Rance qu'il avait livrées pour soutenir les orgues mises par Philippe Gillocq dans la nef transversale de l'église, elles furent plus tard déplacées et offertes par la ville de Saint-Omer au général Vandamme, afin d'orner son château de Cassel. Mais, par bonheur, cet

[1] Ce qui peut, jusqu'à un certain point, excuser, à Valenciennes, la destruction de beaucoup d'édifices anciens, c'est la mauvaise qualité des matériaux dont ils étaient composés. Chose étrange au premier abord, dans un pays où elle l'emporte aujourd'hui, la brique n'apparaît guère qu'au seizième siècle, disparaît presque au dix-septième et ne devient d'un grand emploi qu'au siècle suivant. C'est que, très chère tant qu'elle dut être cuite au bois, son prix ne s'abaissa qu'après la découverte de la houille, à Fresnes et à Anzin. A part des grès excellents, on se servait surtout d'un mauvais calcaire blanc, extrait de la ville même et de son voisinage, facile à tailler et très gélif. Aussi, comme le reconnaît M. Cappliez (*Histoire des métiers de Valenciennes*, p. 277); beaucoup d'églises » tombaient- « elles en ruine au moment de la Révolution, et dut-on renoncer, après les « dégâts du siège, à tenter la restauration de Notre-Dame-la-Grande. »

[2] H. de Laplane, *ouvrage cité*, Préface, p. xxxi.

[3] *Ouvrage cité*, t. II, p. 244.

acte de platitude envers un personnage puissant n'eut aucune suite ;
la crainte qu'on eut de briser les colonnes en les enlevant assura
leur conservation, de telle sorte qu'on peut les voir encore dans la
tour de Saint-Bertin.

A Douai, la collégiale de Saint-Amé n'obtint pas un sort meilleur
que les édifices dont nous venons de rappeler la fin lamentable : il
n'en reste pas aujourd'hui pierre sur pierre.

Heureusement, il n'en alla pas ainsi de l'église Notre-Dame de
Calais et du retable de Lottman. Préservés par des municipalités
intelligentes qui les considéraient comme l'honneur de leur pays,
nous avons déjà dit qu'ils sont arrivés jusqu'à nous sinon intacts,
du moins dans un tel état que nous avons bien peu de chose à y
regretter. Après avoir été transformée en Temple de la Raison, et
plus tard, malgré les protestations des édiles de Calais au Comité
de salut public, à une époque où les nécessités de la défense natio-
nale primaient toutes les autres considérations, en magasins de
fourrages militaires [1], l'église fut, lors du Concordat, rendue au
culte catholique. Dans l'intervalle, le retable n'avait que peu souf-
fert. Si, en vertu de la loi du 14 août 1792, à laquelle, par amour
de l'art, les Calaisiens ne se soumirent qu'avec peine [2], les ornements royaux qui décoraient çà et là l'œuvre furent martelés, on
opéra de façon à ne pas déshonorer un monument dont la ville
était fière. Ainsi que nous avons eu l'occasion de le signaler dans
notre description, d'autres menus dégâts y sont survenus à diverses
époques. Actuellement les vases sacrés que portaient les statuettes
de deux grands prêtres ont disparu ; une fente traverse le bas-relief
de la Cène, et on ne voit plus trace du pélican qui couronnait le
tabernacle ; les six statuettes d'albâtre portant les instruments de la
Passion qui se trouvaient jadis au-dessus de ce tabernacle sont ré-
duites à deux, et les quatre absentes n'ont laissé que d'informes
débris. Mais ces avaries et quelques autres sont tout à fait secon-

---

[1] Voir la lettre de la municipalité de Calais, du 11 nivôse an II, au citoyen
Audibert, et ses protestations, de même date, au Comité de salut public. Le
procès-verbal et le devis détaillé des travaux à effectuer pour mettre les approvisionnements à couvert dans l'église sont datés du 11 floréal an II (30 avril 1794) ;
ils portent la signature de Chaussy et de Gamblein, commissaires délégués par le
conseil général de la commune. (Pièces justificatives, n° 8.)

[2] Voir aux Pièces justificatives, n° 7, une lettre de la municipalité en date
du 4 septembre 1792.

— 62 —

daires par rapport à l'importance du retable, et ce qui en subsiste
est admirablement conservé. Il nous permet donc de juger, en
toute connaissance de cause, le talent de Lottman.

Inutile de dire que, pour cette appréciation, nous laisserons de
côté les figures, que, pour les raisons longuement exposées dans
notre chapitre III, nous ne croyons pas de notre artiste, et que nous
ne nous appuierons que sur celles des parties du retable dont il est
certainement l'auteur.

Elles nous permettent d'abord de le mettre hors de pair comme
ornemaniste. C'est qu'en effet les chapiteaux, les balustrades, les
arabesques, les rinceaux, les guirlandes de fruits, les chérubins
cravatés d'ailes, que, d'une main à la fois sage et prodigue, le
sculpteur a répandus sur les diverses parties du vaste monument,
s'y trouvent exécutés avec une rare perfection.

Dans l'ensemble de l'œuvre, le tabernacle forme un édicule
presque indépendant. Pleins de grâce, ses bas-reliefs de la *Manne*
et de la *Cène*[1], ses statuettes et ses riches décorations accessoires
rappellent les délicatesses du seizième siècle français et s'éloignent
fort de la manière que l'influence de Rubens faisait, par Faidherbe
et ses émules, prédominer alors à Malines et à Anvers.

Les statues de moyenne grandeur sont de qualité inégale. Quoi-
qu'un peu courtes de taille, celles des quatre Évangélistes méritent
l'éloge. Au sommet du retable, l'*Espérance* a un geste exagéré; je
lui préfère de beaucoup la *Foi*, dont les draperies chiffonnées ont
quelque chose de Germain Pilon.

Moins bonnes se montrent les deux grandes figures de Charlemagne et de saint Louis. Elles sont contournées, portent des épées
d'une longueur étrange et, se référant à des époques ainsi qu'à
des contrées dont le costume n'était pas difficile à connaître, cho-
quent par la fantaisie de leurs accoutrements.

Ajoutons cette particularité singulière, déjà signalée par de
Rheims, que les anges couchés sur les rampants des frontons brisés, les statues de la *Foi* et de l'*Espérance*, de *Saint Marc* et de
Saint Jean, les six têtes de la grande frise et celles des chérubins
abondamment semés à travers tout le retable, portent au sommet
du front une grosse touffe de cheveux très à la mode sous Louis XIII.

[1] Voir ci-contre, planche III.

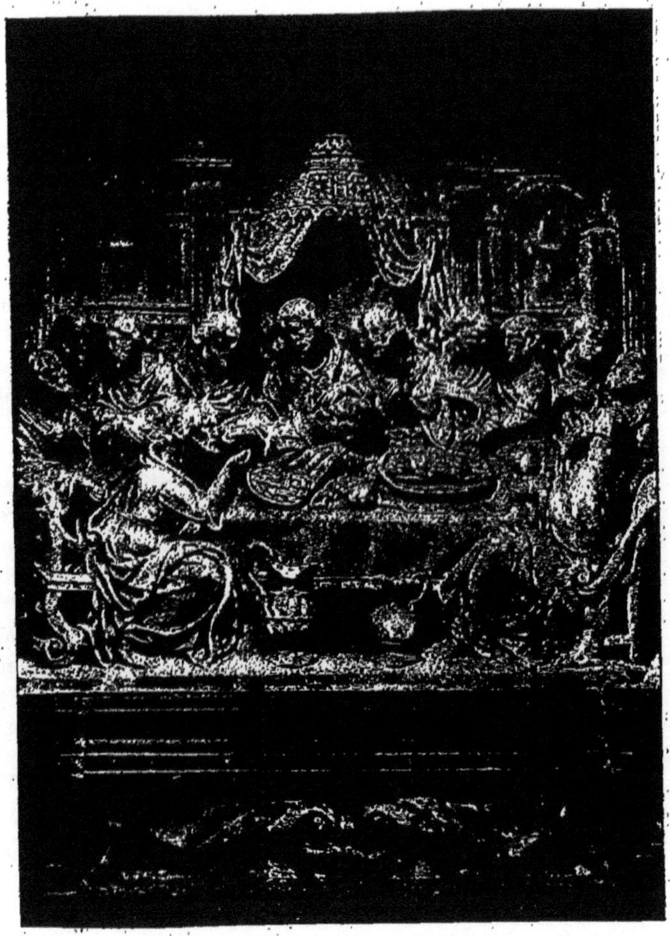

LA CÈNE

PAR ADAM LOTTMAN

Bas-relief décorant le tabernacle du retable de Calais.

Cette coiffure saillante donne à la plupart des figures du maître-autel un aspect fort original et imprime à l'ensemble de l'œuvre le cachet de l'époque qui l'a vue naître.

Pour résumer notre impression, nous dirons qu'expert dans l'agencement de ces grands motifs ornementaux de marbres polychromes si à la mode durant les dix-septième et dix-huitième siècles dans la plupart des pays restés catholiques et dont le seul tort était de jurer horriblement avec les églises ogivales où on les plaçait souvent, Adam Lottman fut plus encore un très habile décorateur qu'un éminent statuaire. Afin de ne pas le surfaire, nous le placerons au-dessous des Duquesnoy et des Faidherbe, dont l'allure a une bien autre puissance, auprès des Corneille de Vriend, des Handrick de Keyser, des Marsy le père, c'est-à-dire à un rang très honorable parmi les sculpteurs de second ordre qui, de son temps, ou un peu auparavant, travaillèrent dans les Pays-Bas.

C'en était assez, nous a-t-il semblé, pour lui valoir une étude détaillée. Son nom, qui ne mérite pas l'oubli où l'ont laissé les historiens de l'Art, doit rester attaché à l'histoire de quelques-uns des plus célèbres monuments des villes où il a travaillé. Nous espérons que les dictionnaires biographiques, ces vastes cimetières où gisent tant de réputations mortes, voudront bien signaler désormais son souvenir par une courte épitaphe.

PIÈCES JUSTIFICATIVES

§ 1. — SAINT OMER

N° 1.

(Série H. Saint Bertin. — Registre du Conseil. 1618-1646. f°s 14-17.)

MARCHÉ ET ACCORD
ENTRE L'ABBÉ DE SAINT-BERTIN, ADAM LOTMAN ET GUILLAUME TABAGUET.
18 juillet 1618.

Marché et accord du doxal de l'église de St Bertin.

Devises des matières et forme pour le doxal que monseigneur le Prélat de Saint Bertin entend faire faire en l'église de son abbaye, de soixante huict piedz demye à nud, de longueur, compris les retours ; desquelz retours saulteront jusques au centre des colomnes des piliers des deux costez du chœur en la haulteur de vingt sept à vingt huict piedz, et en largeur de douze piedz dehors en dehors, prendant pied à la première marche et finant après la muraille au dedens du chœur. Pour lequel conviendra que les prendeurs livrent et fachent ce qui suit :

Le passet ou première marche de la longueur dudict doxal, de marbre noir poly, hault de cincq poulces et large d'ung pied ung quart, aussy bien devant qu'auz retours. Sur ladicte marche, poser huict colomnes de pierres de jaspres de dix piedz de haulteur comprins les chapiteaulz, bases et surbases, lesdictz chapiteaulx et bases, de marbre noir et blanc, et les surbases, de jaspres.

Huict aultres demy colomnes jectées hors des plactz pilastres de trois quartz en leur diamètre en haulteur, comprins les chapiteaulx, bases et surbases et d'estoffe come est dict dés aultres colomnes, laquelle surbase regnera tout le long dudict doxal, et du long l'huis du chœur sera retaillée à haulteur come la première marche, les platz pilastres avecq leurs chapiteaulx aussy hault que les colomnes avecq leurs chapiteaulx et surbases, et sera de pierre de touche pousant hors la muraille ung poulce, et large comme l'extendu de plainte des bases de colomnes. Sur lesquelles colomnes seront posé trois voulsures ayant ouverture d'unz piedz chacune et huict piedz de profondeur.

Les arçures de dessus les colomnes seront de pierres de touche et les clefz de jaspres enricy d'albastre; les bendes des arçures portantes le pavement du doxal, de pierre de touche entrelaché de compartimens d'albastre, lesquelles bendes ne porront excéder le nombre de dix huict piéches à chacune arçure; soubz chasque arçure, des deux costéz, deux sépultures longues de sept piedz, larges de deux piedz, haultes de quattre piedz, faictes de pierre de touche et la base de jaspre randissante à trois costéz.

A la sépulture du costé nort, y poser au milieu l'image du Salvateur, de dix piedz de haulteur; au costé droict, l'effigie d'ung prelat joindant les mains, de grandeur proportionné audict Salvateur, avecq la croche et mittre bas, et au costé gauche, pareille représentation, avecq les armories au dessus de chacun desdictz prélatz.

A la sépulture du costé zud, au milieu, l'image de Notre Dame, à ronde bosse; à lung des costez d'icelle, l'effigie d'ung prélat en genouilx avecq sa mittre et croche, et à l'aultre costé, l'image de Saint Guillaume; soubz chacune desquelles sépultures y aura gravé tel escripteau que ledict seigneur Prélat trouvera bon. Lesquelles sépultures entièrement de pierres de touche, saulf le base quy sera de jaspre et les images, pourtraictz, croches et mittres, d'albastre, et grandes à proportion comme est dict de la première sépulture.

Au devant desdictes deux sépultures, sur le pavement, deux tombes de pierre de touche de la longueur telle que depuis la sépulture jusques au passet ou marche sur laquelle seront assises les surbases des colomnes de la largeur proportionée. A costé desquelles sépultures et dessus icelles et au portal es endroictz cottez A, y aura des enrichissements d'albastre meslé, enchassé esdictes pierres de touche.

Soubz l'arçure du mitan, ung portail de largeur de six piedz et de haulteur à proportion pour entrer au chœur, de pierre de touche, deseur lequel portail y aura les armories du convent d'ung costé et du Prélat de l'aultre, faictes en relief, et au milieu d'icelles ung aigle quy enveloppera les armories avecq ses aisles et pattes; le tout d'albastre. Aux coings de la voûlte du mitan, emplys de pierre de touche, y aura la représentation de deux anges, tenans chapeaulx de lauriers en l'une des mains, et des palmes en l'aultre; et les coings des aultres voûltes emplies de pierres de touche, des chapiaulx de triomphe d'albastre; au dessus desdictes arcures y aura une architravé règnant jusques aux nudz où sont posées les figures des dessus les colomnes, laquelle architrave sera de pierre de touche avecq la frize d'albastre randissant comme l'architrave, enrichie de morisque a demy bosse aussy d'albastre, ladicte architrave et les corniches tout d'une pièche coppé à angletz; au dessus de la dicte frize, une corniche règnant de pierre de touche où il y aura trois culz de lampes d'albastre perchéz au jour.

. Sur ladicte corniche, douze colomnes de pierre de ranse ou jaspre de six piedz de haulteur, comprins la base et le chapiteau qùy sera d'albastre.

Derrière lesdictes colomnes, douze plats pilastres de pierre de touche et, entre les dictes colomnes, quattre tables aussy de pierre de touche; devant lesdictes tables, quattre domes avecq leurs couppes et fleurons d'albastre. Sur chacune desdictes tables, une balustre et deux demy de pierre de ranse ou jaspre, lesquelles auront deux piedz de haulteur.

Sur la mesme corniche, comprins les retours et le dedens du chœur, dix histoires quy se choisiront par ledict seigneur Prélat des tapis pendans au chœur, représentans la vie et les miracles de Saint Bertin, haultes de cincq piedz, larges de trois piedz ung quart chacune histoire; les images desquelles seront d'albactre taillées en hault relief plus qu'à demy bosse. Lesquels carreaux d'histoires seront environez de moulures de pierre de touche; entre icelles moulures y aura trois niches de mesme pierre et en icelles niches, trois figures d'albastre.

. Sur les dictes colomnes et histoires, une architrave et corniche de pierres de touche, et la frize d'albastre avecq des festons de fruictz d'albastre eslevez à demy bosse.

Sur la corniche, nœuf timpanes, comprinses deux aux retours pour mettre des chandelliers, desquelz les cincq seront de pierre de touche et les aultres quattre d'allebastre.

Audict ouvraige, es lieux désignez par ladicte carte, y aura sept images d'allebastre à désigner par ledict seigneur Prélat, oultre celles des sépultures, icelles images haultes de six piedz et ung poulce.

Par dedens le chœur, ung portail faict en arche triomphal de pierre de touche, jaspre et allebastre, accomodé conformément aux archures de devant.

Sur lesdictz arches, deux portes de pierre de touche servantes aux montées pour aller sur ledict doxal, enrichies et taillées d'allebastre.

Deseur ledict arche triomphal et à chasque costé des formes, une devanture enrichie et aussy magnificque que celle de devant, avecq cincquante ballustres, la moictié de marbre blanc et noir et l'aultre moictié de pierres de jaspres; huict colomnes aussy de jaspres, de six piedz, avecq la base et chapiteaulx quy seront d'allebastre.

Huict plats pillastrés de pierre de touche, quattre tables de mesme pierre, haultes de quattre piedz et large de deux piedz.

Les frizes et corniches dessoubz et dessus lesdictz balustres, tous semblables à celles de devant, le pied des susdictz ouvraiges réduict au pied de Saint Omer quy est de dix poulces pour pied.

Touttes lesdictes pierres et matières, bonne et léalle marchandise bien pollies et lustrées, les jaspres aussy beaux que celluy des deux termes livrez par M⁰ Guillamme Tabaget pour la table d'autel de l'église du noviliat de la compagnie de Jésus à Tournay, sans faulte et mancquement tel que ce soit.

Ledict M⁰ˢ Guillame Tabaguet, maistre des carrières de marbres de Dinan, y demeurant, et Maistre Adam Loetman, m⁰ sculpteur, demeurant à Valenchiènes, estans présentement en la ville de Saint Omer, ont emprins de monseigneur Guillaume de Loemele, abbé dudict Saint Bertin, et promettent faire ledict doxal et livrer touttes les pierres et matières spécifiées cy devant et aultrement quy se trouveront nécessaires pour la perfection de ladicte ouvraige, sauf le plomb, et massonerie quilz ne prendent à leur charge, mais promectent ordonner et disposer que le plomb, fer et massonerie soient emploiez par telz ouvriers que ledict seigneur Prélat vouldra mettre en ouvraige ès lieux, en la quantité et forme nécessaires pour lesdictz ouvraiges; lesquelz ilz seront tenus commencher par dedens le jour de tous les sainctz prochain, ledict M⁰ Adam travailler en ceste abbaye sans la pouvoir quicter discontinuer ny travailler à aultrez ouvraiges avant l'achèvement de celles cy dessus, qu'ilz promettent avoir achevé et monté en sa perfection (subject à visitation et chœure aux despens du tout) en l'église dudict Saint Bertin par dedens trois ans d'huy, et la tenir ung an droicte et entière à paine de tous despens dommaiges et intérestz; retenans pouvoir d'augmenter et non diminuer les pourtraicts desdictz ouvrages du devant dudict doxal, signé et paraphé dudict seigneur et d'eulx, le tout deuement proportioné ores que se trou-

veroit quelque mancquement audict pourtraict, qu'ilz promeitent audict
cas amender, et livrer audict seigneur par dedens ung demy an d'huy,
ung model en relief au petict pied, deuement justifié sur parchemin, de tous
lesdictz ouvraiges tant dedens que dehors le chœur et aux retours; moiennant ce que ledict seigneur Prélat promect leur payer la somme de vingt
et trois mil florins, et cent cinquante florins pour ung habit audict M⁰ Adam
après l'ouvraige achevé sy avant qu'icelle soit faicte au contentement
dudict seigneur; et à chacun d'eulx, audict cas, une vaisselle; scavoir un
tiers au jour de tous les sainctz de l'an seize cens dix nœuf, aultre tiers à
pareil jour de l'an seize cens vingt, et le dernier tiers, faisant le parfaict
de ladicte somme, à mesme jour de l'an seize cens vingt et ung, pourveu
qu'ilz ayent livré des estoffes et faict de l'ouvraige méritant les susdictz
payements. Ayant esté convenu que ledict M⁰ Adam sera submis prendre
en paye, sur ladicte somme, le nombre deux à trois cens piedz d'allebastre
quy sont es provisions de ladicte abbaye, au pris qu'elle at esté achapté.
Sy a esté convenu et accordé entre lesdictz Tabaguet et M⁰ Adam que sy
ledict Tabaguet estoit deffaillant de furnir touttes les piéches pour l'architecture, et ledict M⁰ Adam touttes les piéches pour la sculpture, bien et
deuement conditionées et façonnées en dedens les dictz trois ans, celuy
d'eulx quy aura satisfaict polra emprendre ce que restera à livrer ou faire
de la part du deffaillant après lesdictz trois ans expiréz et tirer le gaignage à l'advenant de ce que restera à livrer et parfaire pour l'architecture dudict Tabaguet et de la sculpture de la part dudict Lotman. Lequel
Lotman ne polra reçevoir et icelluy seigneur Prélat ne polra luy compter
argent sur ladicte ouvraige que faict à faict icelles advancheront ou pour
payer l'allebastre qu'il acheptra et lorsqu'elle sera livrée en ceste abbaye,
pour employer ausdictz ouvraiges.

Et à tout ce que dict est, livrer, furnir et punctuellement accomplir
par lesdictz prendeurs et payer par ledict seigneur Prélat, ils obleigent
lung envers l'aultre, scavoir, ledict seigneur Prélat tous les biens et re-
venus de son église et abbaye et lesdictz prendeurs et chacun d'eulx pour
le tout, sans division ny discution, renonchans aux bénéfices d'iceulx, tous
leurs biens et héritages présens et advenir vers ledict seigneur Prélat, son
église et abbaye et lung vers l'aultre; accordans sur iceulx mise de faict,
deffense et main assise; eslisans à jugés les Grand et Privé Consaulx de
leurs Altèzes Sérénissimes et de son Altèze de Liège, et tous juges provinciaulx et subalternes des Estats desdictz Princes. Promectant pardevant
chacun d'eulx sortir jurisdiction sans les pouvoir décliner. Et pour domicile, la maison de chacune ville subjecte et obéissante ausdictz Princes.
Consentans que touttes insinuations, sommations, comandemens, signiffi-
cations, adjournemens et aultres exploictz de justice quy faict y seront

présentes. Faictes et passées, en ladicte abbaye de Saint Bertin en la ville
de Saint Omer, le dix huictiesme jour de juillet seize cens dix-huict, pardevant nous, nottaires des Archiducs y résidens, soubsignez, et lesdictz
comparans. Plus bas signé Guilliaulme, abbé de Saint Bertin, G. Tabaguet, Adam Lotteman, et, comme nottaires, M. Desmons et G. Quéval.

N° 2.

(Série H. Saint Bertin. — Registre du Conseil. 1618-1646. f° 233.)

ACCORD ENTRE L'ABBÉ DE SAINT BERTIN ET ADAM LOTMAN.

6 septembre 1640.

*Du VI° en septembre 1640 pardevant Messieurs Pattinier, soubz prieur
de l'abé; Haffrenghes et Buisine, administrateurs; présent Mre Jean
el Borgne, conseiller.*

Colomnes des orgues.
Accord faict avec Mre Adam Lotman.

Ce jourd'huy, sixiesme de septembre XVI° quarante, les administrateurs
de l'abbaye de Saint Bertin, d'une part, Mre Adam Lotman, sculpteur
demeurant à Valenchiennes, d'aultre part; pour wider des difficultés appa-
rantes entre eulx touchant la parpaye des colomnes de pierre de rans quy
soubstiennent les orgues et des deux clostures des carolles estantes à costé
du doxal par luy encommenchez, et pour la perfection d'icelles, se sont
accordéz en la forme et manière que s'enssuit. Ascavoir que ledict Lotman
at emprins et sera tenu achever lesdictes deux clostures et y faire seize
anges de pierre blanche albastre de grandeur proportionée, avec deux
statues de Saint Benoist et Saint Bertin de samblable pierre, de couleur
convenable à l'ouvrage, et mettre en toutte aultre chose lesdictes clostures
en leur perfection, conformément au modèle qu'il at exhibé à feu monseigneur le Prélat Gillocq, saulf néantmoins et réservé les huys desdictes
clostures; le tout en dedans la Pentecouste de l'an XVI° quarante et ung,
moyennant quoy lesdictz administrateurs seront tenus et quilz ont promis
luy payer la somme de deux mille six cens florins et aultres deux cens
florins dont ils le deschargeront vers le Sr Guillamme Meurin, vers lequel
Jacques Gillocq s'estoit constitué caution pour ladicte somme de deux
cens florins par charge dudict Sr Prélat, laquelle somme de vingt-six cens
florins ilz promectent payer à quattre payemens égaulx d'an en an, dont
le premier payement eschérra au premier de septembre XVI° quarante et
ung et les trois aultres payemens d'an en an ez années subséculives, et,
en cas de mancquement de payement à chacune desdictes eschéances, iceulx

soient aussy bons et de telle valeur que s'ilz estoient faictz à leurs propres personnes ou vray domicile. Renonchans à touttes choses contraires à ces sieurs administrateurs seront tenus payer le cours des deniers depuis le jour de l'eschéance jusques à l'effectuel furnissement au fœur du denier zeise; à quoy les partyes ont respectivement obligé et obleigent ascavoir lesdictz administrateurs les biens de leur abbaye, et ledict Lotman ses biens, terres et héritages, sur lesquels, pour la seureté des conditions cy dessus, il accorde main assise, mise de faict, deffence, décret et hypo-thècque à ses despens. Domicile esleu à la maison du Roy à Saint Omer pour exploicter, et à juges messeigneurs des privé et grand consaulx de Sa Majesté, ceulx de Flandres, Haynau et Artois, le grand bailly dudict Saint Omer ou son lieutenant, sans les décliner; renonchans à touttes choses contraires. Faict les jour et an que dessus, pardevant les nottaires soubsignez et dudict comparans. Plus bas estoit signé Adam Lotman; P. Campaigne, J. Ruteau. »

En marge : « Ce XIe de septembre XVIe quarante et un, at esté payé à Mr Adam Lotman la somme de cincq cens florins y comprins deux cens florins dont l'abbaye l'at deschargé vers le sieur Guillaume Meurin et ce, à tant moins du premier payement spécifié par le présent contract, tesmoing :

ADAM LOTTMAN.

§ 2. — CALAIS

N° 3.

(Archives municipales de Calais.)

Traité passé le 27 avril 1624, avec Pierre Taverne, pour l'exécution d'un retable.

Aujourd'hui vingt septième jour du mois d'Avril mil six cent vingt quatre, sont convenus Mr Jacques de la Boulloye, doyen de la chrestienté et docteur en théologie de l'Eglise Notre Dame de Callais, honorables hommes Gaspart Raoult, mayeur, François Haubacq, Charles Fourcroy, Louis Porquet et Charles Berlicquet, vice amiral et eschevins de cette ville de Callais, et honorable homme Quentin Genest, ancien échevin et à présent marguilliet de la dite église, avec Pierre Taverne, maître tailleur de pierres en marbre, pour faire une table d'hostel en la dite église, de hauteur cinquante ung pieds aussi, ou environ, et de largeur trente deux pieds aussi ou environ, qui est la largeur du cœur, laquelle sera faite en la forme et manière qu'il s'ensuit :

PREMIÈREMENT

Sur la table d'hostel y aura un repositoire du Saint Sacrement de longueur de douze pieds moins un quart, de hauteur de neuf pieds jusqu'au sommet du pelliquant en la forme comme il s'ensuit.

Un pacet de longueur de onze pieds, un quart moins, et de largeur deux pieds, et d'épaisseur sept pouces, qui sera fait en pierres de Stinqual.

Au dessus du dit pacet y sera pour poser cinq tabernacles, et au coté du dit tabernacle pour y mettre deux histoires à la discrétion de mes dits sieurs. Ils seront environnés avec chassis d'emoullure de pierres de touche noire, et, au dessous des dits deux histoires, y aura aussi deux petites tables de marbre blanc et noir, et au dessous et dessus des dites tables et piedestal, rendra une émoullure de pierre de touche noire et par dessus il y aura six colonnes de hauteur de trois pieds ou environ de pierre de jaspe de Rance, y compris le bas et le chappiteau qui sera d'Albatre, et, par derrière chacune collonne, y aura des plats pillastres aussi de pierre de touche, et par dehors le repositoire : au dernier plat pillastre, y aura deux griffes aussi de pierre de touche enrichies avec deux fruits d'Allebatre.

Au coté du tabernacle y aura deux niches, et, dans chaque niche, y aura deux figures d'Allebatre de deux pieds de haut.

Les niches seront environnées avec des compartiments d'esmoulures et au dessus, une tête d'ange; et par dessous, un conssol d'Allebastre.

Au milieu du dit tabernacle il y aura l'ouverture d'une petite porte de hauteur de deux pieds et demi moins un pouce ou environ, laquelle sera faite de demi rond pardessus en arcade, et au dessus de la dite porte il y aura une table d'attente, le tout fait de pierre de touche; et par dessous la dite porte, un seuil aussi de pierre de touche d'épaisseur deux pouces et longueur d'un pied, qui est la largeurde l'ouverture de la sus dité porte.

Au dessus y aura une arquitrave et la corniche qui sera encore faite de pierre de touche noire et rondissant tout à l'entour avec leur tour et retour, et le frize sera fait d'Allebastre et taillé avec feuillages enrichis.

Au milieu du tabernacle il y aura un domme en forme de couverture, qui sera de la largeur du nud du dit tabernacle, fait en cinq pans : qui sera fait d'albastre et taillé en forme d'écailles; et a chacun des quatre pans y aura des arrestes faites avec émoullures aussi de pierre de touche.

Et au dessus du dit domme il y aura une lanterne, le milieu de laquelle lanterne sera d'albastre et le piedestal dessous, une émoulure dessus, sera de pierre de touche avec un petit domme d'albastre et aussi un petit piedestal aussi de pierres de touche pour y mettre un pelliquant.

Sur chacune collonne y aura des petits anges qui tiendront les armes de la passion, et encore, au milieu de lui du dit tabernacle, il y aura aussi un ange assit, et tous les dits sept anges seront faits d'une même proposition d'albastre.

Et au dessous sur quoi sera assis l'ange au milieu de lui, y sera mis un petit piedestal qui sera fait de marbre noir et deux rouleaux à coté d'albastre rouge.

Au coté de la dite table d'autel en bas il y aura quatre gros piedestals avec émoulures dessous et dessus qui seront de hauteur de six pieds un quart moins, ou environ, et de largeur trois pieds et demi aussi ou environ, et trois pieds sortant de sailly dehors.

Et au milieu desdites émoullures y aura du retour pour y prendre deux culs de lampes d'albastre et le reste sera fait de pierres de Stinqual.

Et au milieu des deux cotés desdits pieds destal il y aura cinq chassis de porte qui sera fait de pierre de marbre blanc et noir, et au dessous, une plainte de stinqual et aussi à la hauteur de l'emoulure des dits piedestal y aura aussi une plainte de pierre de Stinqual, et par dessus le chassis de l'émoulure de la dite porte il y aura un compartiment d'émoulure, enrichy avec têtes d'anges, feuillages et rouleaux d'albastres, et, au dessus des dits compartiments, une émoulure de pierre de touche : il y aura un piedestal aussi de même pierre de touche, et les rouleaux de coté et d'autre et l'enrichissement qui est au milieu sera fait d'albastre.

Au dessus de chaque coté des dits piedestals il y aura un ange, qui y sera posé, qui embrassera deux grands festons provenant d'un grand cul de lampe qui sera posé dessous le pied des images, lesquels festons et cul de lampe seront faits d'albastre, et sur chaque cul de lampe il y aura une émoulure de pierre de touche faite en rond retournant sur ledit cul de lampe, et lequel cul de lampe sera en diamètre de trois pieds et de haut de trois pieds moins un quart comprises émoulures et ayant pied et demi dehors. Et en droite ligne y aura une plainte qui viendra rendre et retourner tout à l'entour des plats pillastres et jusqu'aux quadres de peinture qui sera de largeur comme la dite emoullure de cul de lampe qui sera aussi de pierre de touche entre le fond du feston, cul de lampe et chassis de porte sera empli d'albastre mêlé de rouge.

Audessus il y aura deux niches, hautes sept pieds un pouce ou environ, et environnées de chassis d'emoulure avec des rouleaux, plainte et pointe de diamant de marbre blanc et noir, dedans lesquelles niches y aura des figures de hauteur et proportions d'icelles.

Et les dits chassis seront enrichis avec des têtes de chérubins de roses et rouleaux d'albastre, et le fond tout à l'entour des dites niches sera aussi fait d'albastre blanc et rouge. A chaque coté il y aura deux grandes collonnes de pierre de jaspe de Rance qui seront de hauteur de huit pieds, sans comprendre la tierse partie ni les chapiteaux qui seront faits d'albastre enrichis de feuillages et anges.

Les quatre bas des susdites collonnes seront faits de pierre de marbre blanc et noir, et les pieds destal seront faits de pierre de touche avec l'emoulure dessous et dessus et au milieu du dit par devant, il y aura à chacune une marche et à chaque niche une figure le tout d'albastre et par dessus les dites niches y aura des pointes de diamant de pierre de Rance.

Et l'émoulure du cadre sera d'albastre et par dessous le dit cadre, au milieu, par dessus le repositoire, il rondira l'émoulure du piedestal depuis un bout jusque à l'autre de pierre de touche.

Et sur les dites collonnes il y aura l'arquitrave et le corniche et la timpanne proportionnellement, suivant les colonnes qui seront aussi de pierre de touche avec leur tour et retour à proportion, qui rondiront aussi depuis un bout jusqu'à l'autre.

Et au milieu de l'arquitrave et du cadre, une table d'attente aussi de pierre de touche.

Le grand frize et le gorgeron de colonnes, enrichis avec des feuillages et six textes d'anges, seront d'albastre.

Et au milieu des timpannes il y aura des festons grands, et sur les dites timpannes il y couchera quatre anges tenant les dits festons, il y aura un piedestal par derrière et le nid du corps sera fait de pierre de Stinqual et au milieu dudit piedestal, au retour, gorgeron sera enrichi avec albastre blanc et rouge à pointe de diamant de même.

Et sur le susdit piedestal sera l'émoulure de pierre de touche où il y aura posé sur chacun une figure de la hauteur de la Notre-Dame qui est faite.

Derrière les grandes colonnes il y aura des grands pillastres de hauteur de quatorze pieds et de largeur deux pieds un pouce ou environ et ayant dehors trois pouces.

Et au milieu sur la dite table d'attente et grands pillastres de hauteur de quatorze pieds et de largeur deux pieds un pouce ou environ et ayant dehors trois pouces.

Et au milieu sur la dite table d'attente et grande émoulure, il y aura une plainte de marbre noir qui viendra d'une timpanne à l'autre ; au milieu, par dessus la dite plainte, il y aura un piétement en forme de piedestal qui tournera avec ses retours qui sera de pierre de Stinqual et l'émoulure de dessus et dessous de pierre de touche ; et au coté du susdit piedestal, il y aura deux rouleaux aussi de pierre de touche sur lesquels y sera posé deux chandelliers en forme de vases et de telle manière que mes dits sieurs adviseront.

Et sur le dit piedestal y aura quatre colonnes de pierre de Rance de jaspe de la hauteur de sept pieds ou environ sans y comprendre le bas et le chapiteau qui seront d'albastre, et au milieu des dites colonnes il y aura une niche dans laquelle sera mis l'image de notre Dame, qui est faite à la proportion d'icelle niche et au dessus d'icelle niche des pointes de diamant d'albastre blanc et rouge.

Et derrière les dites colonnes il y aura deux plats pillastres à proportions des dites colonnes, une arquitrave et grande émoulure : les dits plats pillastres, niche, arquitrave et émoulure seront faits de pierre de touche, et le frize fait d'albastre, enrichi de feuillage.

Et par dessus la grande émoulure, il y aura un piedestal de pierre de Stinqual et au milieu une tête d'ange et à deux cotés des rouleaux d'albastre blanc et rouge.

Au dessus dudit piedestal il y aura une émoulure de marbre noire et là dessus posé une image de la Résurection de six pieds de haut ou environ, et à côté de la dite image deux anges de quatre pieds et demi de haut et qui seront d'albastre.

Lesquels ouvrages seront faits de l'ordre composé.

L'entrepreneur sera tenu de rendre toutes les dites ouvrages faits et parfaits, polies et lustrées, suivant et en conformité du patron et devis faits d'iceux qui sera délivré ès mains des dits sieurs Mayeur et Eschevins et à plutôt augmenter que diminuer, horsmis que le dit entrepreneur ne sera sujet aux deux huis bois qui sont aux deux cotés du dit autel, l'huis du reppositoire du Saint Sacrement qui est ouvrage d'orphebvre et les quatre chandelliers et le pellican, fondation, fer et plomb fournis, ourdages, cordes, maçons charpentiers : et aussi le dit entrepreneur prendra toutes les ouvrages faits et commencés qui peuvent servir à la dite table d'autel, horsmis les pierres qui sont..... et que le dit entrepreneur s'oblige de les prendre en rabattant sur le prix du marché pour la valeur.

Et sans que le dit entrepreneur puisse en façon quelconque, entreprendre autres ouvrages quels qu'ils soient, pendant le temps de la perfection des présentes, et en quelque endroit que ce soit, à peine de tous dépens, dommages et intérêts payer, si ce n'est du consentement des dits sieurs Mayeur et Eschevins ou leurs successeurs.

A la charge et bien entendu que l'entrepreneur susdit sera tenu de fournir et livrer pour la perfection de l'ouvrage susdite la qualité, bonté de pierre, et que le tout soit bon, fidèle.........., non vicié, marbre blanc et noir aussi beau qu'il en peut recouvrer; pierre de touche venant de Dinant, beau et noir et sain, de l'albastre blanc pour les figures et histoires, et toutes les figures et pierres de jaspes qui se pourront aussi trouver venant de Rans, ou autres meilleures s'il est au pouvoir du dit entrepreneur de le fournir, tout bien ciselé, poli, lustré, toutes les jointures bien jointes et anglées : faire et joindre toutes les pierres quelles qu'elles soient et quelque nature de pierre que se soit, en sorte que le tout soit bien joint et tellement poli et connex sans contradition sujet à visitation par gens à ce congnoissant et réception aux dépens du dit entrepreneur; moyennant quoi est convenu qu'il sera payé au dit Pierre Taverne susdit entrepreneur la somme de.......... payable savoir : la somme de mil livres tournois comptant et qui sera payé au dit entrepreneur afin de subvenir à achat de ses matériaux nécessaires, pour sureté de laquelle somme et partie de la présente entreprise il sera tenu, comme il a promis, de faire apporter et amener en cette ville nombre et quantité de matériaux beaux et suffisants dans le,.........jour d........... mil six cent vingt cinq, et pour sureté de laquelle somme et de la dite livraison le dit entrepreneur a promis et sera tenu de bailler cautions reséants en cette ville et le surplus de la dite somme sera payé au dit entrepreneur ou à ceux à qui il donnera charge et qui toutefois sera tenu de travailler sans discontinuation. Sera payable ainsi et à mesure que le travail se fera et qu'il fournira les dits matériaux.

A été conclu et arrêté que le contrat, dont le devis est en l'autre part, se passera le dernier jour de Mai prochain, moyennant la somme de douze mille livres tournois savoir : mille livres comptant dont l'entrepreneur baillera caution lors de la dite passassion, et le surplus au temps qu'il sera advisé comme aussi des pierres et valeur d'icelles et en général de ce que l'on entend obliger le dit entrepreneur selon qu'il a été proposé. Fait par et en la présence des soussignés.

N° 4.

(Archives municipales de Calais.)

Nouveau Contrat du 14 octobre 1624.

Pardevant nous Pierre Ancquier et François Debourg, notaires garde nottes héréditaires du Roy notre Sire, en sa ville de Calais et Pays reconquis, soussignés, fut présent en sa personne Adam Lottman, Mᵉ sculpteur demeurant à Saint Omer, étant de présent en cette dite ville de Calais, lequel de son bon gré, pure, franche et libre volonté, reconnut et confessa avoir promis, sera tenu et promet de bonne foi, à honorable homme Gaspart Raoult, Mayeur, François Hobacq, vice Mayeur, Charles Fourcroy, Charles Berlicquet et Louis Porquet, échevins de cette dite ville, et honorable homme Quentin Genet, ancien échevin et à présent marguillier de l'église Notre Dame dudit Callais, en qualité et comme administrateurs du bien et revenu de la dite église à ce présent et ce acceptant en personne et faire bien et.......... et comme il appartient au dire d'ouvriers et gens à ce connaissant, une table d'autel en la dite église, de la

hauteur de cinquante et un pieds ou environ de largeur qui est la largeur
du cœur de la dite église selon et au désir du projet et devis, de ce fait,
mis et couché de l'autre part plutôt à augmenter qu'à diminuer : pour
parvenir à la perfection de laquelle table d'autel et ouvrages mentionnés
au dit devis, ledit Lottmann entrepreneur a promis et s'oblige de fournir
et livrer telle quantité de marbre blanc et noir, pierre de touche venant
de Dinan, albastre blanc et pierres de jaspe venant de Rans, qu'il sera
nécessaire et de la qualité et bonté à plein mentionnés audit devis, rendre
le tout bien ciselé, poli, lustré et artistement élabouré : toutes les jointures
et angles bien joints et liés ; faire et joindre les pierres, de quelque nature
et sorte qu'elles soient et puissent être, de façon que le tout soit bien joint
et tellement poli et connex qu'il n'y ait aucune contradiction. Cette entreprise et marché fait moyennant le prix et somme de douze mille livres
tournois, que lesdits sieurs Mayeur, Eschevins et Marguilliet en la dite
qualité d'administrateurs d'icelle église, seront tenus, promettant et s'obli-
gent payer audit Lotman, entrepreneur, au fur et à mesure qu'il fera et
advansera les dites ouvrages : lesquelles il promet faire bien et...........
comme dit est, de travailler à icelle sans discontinuation et le tout rendre
fait et parfait et visité par gens à ce connaissant et reçu aux dépens du dit
entrepreneur.

A peine de tous dépens dommages et intérêts. Ne sera ledit Lotman
tenu ni subi aux deux huis de bois qui sont aux deux cotés du dit
autel, l'huis du repositoire de Saint Sacrement, qui est ouvrage d'orphebvre, et les quatre grands chandelliers et le pellicand : même ne sera
tenu de faire les fondations, ni fournir le plomb, ateliers, cordages, ma-
connérie, ni charpenterie ; néanmoins sera tenu d'assister à voir faire la
dite maçonnerie, d'enseigner et conduire icelle ; s'il a été accordé que le
dit Lottman, entrepreneur, prendra tous les ouvrages faits et commencés
qui peuvent servir à la dite table d'autel sans en payer aucune chose,
sinon des pierres neuves qu'il prendra au même prix et valeur qu'elles
ont été achetées ; lequel prix et valeur d'icelles lui sera déduit et rabattu
sur le prix du présent marché ; sur lequel marché ledit Lottmann, entrepreneur, a confessé avoir eu et reçu la somme de. . . . .
. . . .
laquelle lui sera précomptée et déduite sur les premiers ouvrages, dont
et de laquelle somme de. . . . . le dit Lottmann
s'est tenu pour content et en acquite les dits sieurs mayeur, echevins,
marguilliet et tous autres : s'ils sont les dits sieurs mayeur, echevins et
marguilliet en la qualité susdite promis, seront tenus, promettent et s'obli-
gent sitôt que les dits ouvrages rendus faits, parfaits visités au dire d'ouvriers et gens à ce connaissant aux dépens du dit entrepreneur, et iceux

reçus, bailler ou faire bailler et payer au dit Lottmann, ce acceptant, ou au porteur, telle somme qui se trouvera lui être due de reste des dits douze mille livres tournois. Comme aussi et en la même qualité, lesdits sieurs mayeur, eschevins et marguilliet ont promis de rendre quitte et décharger ledit entrepreneur des droits que pourraient prétendre Messieurs du Bureau pour l'entrée des pierres qui lui conviendra faire venir et entrer en cette dite ville, même de l'aider et assister d'attestations et lettres de faveur selon qu'il en pourra avoir de besoin pour et à raison du présent marché, et advenant qu'il lui convient d'aller en Hollande, le dit entrepreneur sera tenu de prendre passe port à ses dépens de ses Altesses et Messieurs des Etats.

Par ainsi le tout a été dit convenu et accordé entre les dites parties, promettant et obligeant chacun en droit soit les dits *sieurs Mayeur, Eschevins et Marguilliet tout le revenu temporel de la dite église*.........

Fait et passé au dit Callais le vendredi avant midi, quatorzième jour d'octobre mil six cent vingt quatre : et les dits sieurs mayeur, échevins, marguilliet et entrepreneur avec les dits notaires, signé sur la minute des présentes suivant l'ordonnance.

Debourg.

Enregistré par le dit Debourg.

N° 5.

(Archives municipales de Calais.)

Lettre de Voiture relative au transport des matériaux du Retable.

Je Pierre Girretz, maître après Dieu de la navire nommée le Haran, du port de soixante tonneaux ou environ, de la ville d'Amsterdam, ancrée à présent devant la dite ville, pour, avec le premier temps convenable que Dieu donnera, suivre le voyage jusque au devant de la ville de Calais, là où sera ma droite décharge, confesse avoir reçu dedans la dite même navire dessous le Tillac, de vous *Guillame Watson*, les marchandises suivantes, nombrées et marquées du nombre et marque ci dehors mis, le tout sec et bien conditionné à savoir *vingt et sept pierres d'albâtre;* lesquelles marchandises je promets délivrer à *Daniel Skinner, marchand anglais,* ou à son commis, facteur ou entre metteur, sauf les périls et fortunes de la mer, dont Dieu nous garde. Et pour l'accomplissement de ce que dit est, j'ai obligé et oblige par cette ma personne, mes biens et la dite mienne fait et apparait en me montrant une de ces connaissances; et sera ledit Daniel Kinner tenu de me payer, pour mon frais des dites marchandises, la somme de *soixante et quatre livres* avec les avaries et devoirs accoutumés. En témoignant de vérité, je *Pierre Girretz* ai signé de mon signe manuel, trois connaissances d'une même teneur, desquels l'un accompli les autres seront de nulle valeur. Fait en Amsterdam le 13e jour du mois d'Avril Anno 1627. Pieter Gerrit.

Nº 6.
(Archives municipales de Calais.)

Lettre de Lottman au maire de Calais.

Monsieur le Maire. — Je vous prie de payer à Daniel Skynner, marchand anglais, la somme de deux cents septante quatre livres dix sous, et cela pour quarante cinq pieds trois quarts d'albatre à six livres le pied, lequelle le dit Skynner ma livré si pour l'ouvrage de l'Eglise. — Laquelle somme de 274 : 10 sous vous prie faire payer dans un mois prochain. Fait à Callais le 6e jour de janvier 1630.

Nº 7.
(Archives municipales de Calais.)

Du 4 7bre 1792.

Les officiers municipaux de la commune de Calais au président de l'Assemblée électorale.

Nous avons reçu la lettre que vous nous avez fait l'honneur de nous écrire hier soir; les objets multipliés, sans cesse renaissants et toujours plus pressants de notre administration, ont fait perdre de vue celui dont l'assemblée s'est occupée. Néanmoins, avant la réception de votre lettre, le Conseil municipal avait arrêté de faire effacer toutes les traces de la féodalité : elles ne subsisteraient déjà plus dans notre église, s'il n'avait craint d'altérer un édifice public et s'il avait jugé qu'elles aient pu tirer à conséquence, d'autant plus que la loi du 14 août ne nous est pas parvenue officiellement. Elle disparaîtront sous peu ainsi que toutes celles qui, à peine aperçues dans la ville, nous étaient entièrement inconnues.

Nos 8-9.
(Archives municipales de Calais.)

Lettres écrites par la municipalité au sujet de la transformation de l'église en entrepôt de fourrages.

Du II nivose an II.

Au citoyen Ale Audibert, hôtel de Philadelphie, passage des Petits Pères. Paris.

Nous t'adressons par la poste de ce jour des représentations au Comité de Salut Public sur la demande faite par le citoyen Vaillant, commissaire ordonnateur de l'armée du Nord, de notre église, pour y déposer et manutentionner des fourrages : c'est la seule qui nous reste, et nous en avons fait un Temple de la Raison, où tous les citoyens se rassemblent tous les décadis, pour entendre la lecture des lois et s'y instruire. Nous adressons également au représentant Louis Carnot une copie de notre lettre au Comité du Salut Public, en le priant d'appuyer nos observations, parce qu'il connaît le local. Nous t'invitons à le voir au reçu de la présente et de te faire accompagner par les Calaisiens qui sont à Paris pour te présenter au Comité du Salut Public, et employer tous les moyens pour faire rejeter cette demande, si elle était faite par le Commissaire. Tu feras valoir notre patriotisme, et surtout des dons d'argenterie, d'assignats, d'argent, etc. dont nous allons te faire l'envoi pour le présenter à la Convention. Si cette demande est accordée, nos citoyens en éprouveront un mécontentement et un chagrin dont vous ne vous faites pas d'idée.

Aux citoyens du Comité du Salut Public.

Du II Nivose (An II.)

Le citoyen Vaillant, commissaire ordonnateur à l'armée du Nord, nous a fait passer une réquisition de laisser à sa disposition le local qui est à présent dédié à la Raison, pour y déposer et manutentionner des fourrages. Pareille demande nous avait été faite avant par le préposé aux subsistances militaires, et des raisons puissantes et qui subsistent toujours, nous ont empêchés d'y déférer. De six églises que nous avions dans cette commune, il ne nous en reste qu'une; trois ont été vendues au profit de la nation, une est pleine de fourrage, et l'autre de grains : le tout appartenant à la République.

Celle qui nous reste est le seul local où puissent se réunir les citoyens : c'est le seul où la lecture des lois ordonnée par le décret puisse s'effectuer : c'est le seul où les citoyens, réunis les décadis, s'y forment l'esprit par les discours patriotiques qu'on y prononce et les chants républicains qui s'y font entendre : et ce ne serait pas sans un mécontentement et un chagrin général que les citoyens de cette commune se verraient privés des moyens de satisfaction qu'ils y goûtent et des instructions dont ils profitent.

Ces raisons, toutes essentielles qu'elles sont, si elles étaient regardées comme insuffisantes, peuvent être appuyées d'une autre au moins aussi majeure :

La commission des subsistances et approvisionnements de la République a fait à l'étranger des demandes considérables en grains; notre position à l'embouchure de la mer du Nord, nous met à même de voir entrer dans notre port, dans un seul jour, un nombre considérable de vaisseaux chargés de grains. Les magasins ou greniers où ils sont déposés journellement deviendraient insuffisants, et le local réclamé aujourd'hui par le commissaire Vaillant deviendrait de la plus grande ressource et empêcherait la perte d'une partie de grains, et sans les versements de grains directement arrivés, que nous avons eu ordre de faire sur d'autres villes, ce local eut été de suite mis en emploi pour les dépots. Ces circonstances peuvent se renouveler tous les jours. Une raison encore plus forte que les précédentes, et qui suffit seule, est la crainte d'un incendie, qui, s'il avait lieu, dévorerait la moitié de la ville et se communiquerait au pavillon des officiers et au quartier de cavalerie, qui sont des bâtiments nationaux. La fontaine dite la *grande citerne*, qui est la seule qui fournisse l'eau nécessaire à la garnison et à une partie des citoyens, serait détruite, puisque l'Eglise demandée remplit cette citerne par l'eau de pluie, qui est la seule que nous puissions nous procurer.

§ 3. — VALENCIENNES

Nº 10.

(Archives départementales du Nord.)

Fonds de l'abbaye d'Hasnon.

DÉCLARATION DES DEVISES ET CONDITIONS POUR L'ÉRIGEMENT DU DOXAL DE L'ÉGLISE NOSTRE-DAME LA GRANDE EN VALENTIENNE.

1. — Premièrement, ledict doxal sera loing de trente-quatre pied, quatre poulces, dehors en dehors, et sallant huict pied et demie, et hault de vingt cincq pied; le tout mesure dudict Valentienne, comme aussy les parties suivantes :

2. — L'emprendeur livrera le passez d'iceluy de pierre d'Escausines poly, comme de mesmo livrera le surplus de touttes les pierres ci-après spécifiées qu'il convient avoir pour iceluy ouvrage sans aulcunes excepter;

3. — Sur le susdict passez y aura quatre plaintes de jaspre poly et lustrez comme aussy touttes les parties suivantes;

4. — Sur chacune plainte y aura deux basses de marbre blancq et noir;

5. — Et sur chacune basses une colomne de pierre de ranstre aiant de haulteur chacun huict pied moins deux poulces;

6. — Et sur lesdictz huict colommes y aura aussy des chapiteaux de marbre noir et blancq.

7. — Et sur chacune paire de colommes y aura des tombes de pierre de touche de la longheur de huict pied ou environ suivant la largeur dudict bastiment; et icelles tombes seront enrichie d'allebastre.

8. — Contre la muraille y aura la mesme ordre que desus, excepté qu'il y aurat aux huict colommes ung tierche moins de la rondeur, mais derrière iceulx y aura des pillastres de pierre de touche qui porteront les chapiteaux et basses à l'advenant, scavoir de marbre noir et blan.

9. — Et au meillieu de la muraille contre l'arcure, y aura à chacune arcure des deux costez de l'entrée du chœur une niche de pierre de touche, ausquelles y aura aux costez à chacune, deux platz pillastres de semblable pierre, comme aussy deux griffes aux costez, de mesme pierre de touche.

10. — Et audevant d'icelles niches y aura ung compartiment de mollures pour y poser ung escripteau, le tout de pierre de touche.

11. — Dans l'une desdictes niches y aura ung Prélat revestu en pontifical, à genoulx, et à l'aultre ung Sainct Michel, chacun aussy grand que le naturel, scavoir de cincq pied et demie ou environ; et le tout d'allebastre.

12. — Bien entendu que les chapiteaux des platz pillastres de derrière doilvent randir et cornicer entre lesdictz platz pillastres et à travers les nices d'un boult jusques à l'aultre; et lesdict nices seront enrichie avecq une cocquille pour le desus par dedens, et par desus icelles nices une aultre mollure, le tout de pierre de touche.

13. — Sur les seize colommes avant dictes y aura une arche faicte en façon d'une architrave et en demie rond, lesquelz arcures randiront de colomme en colomme depuis ung boult jusques à l'aultre; le tout de pierre de touche.

14. — La voulte desdictes arcures sera faicte avecq cincq bendes de pierre de touche à chacune, lesquelles iront, depuis le commencement de la voulte descendre jusques aux niches.

15. — Et à travers icelles bendes y en aurat d'aultres de pareil pierre, lesquelles feront des quarrées où l'emprendour y placera des compartimens d'allebastre.

16. — Et contre la muraille, aussy entre les platz pillastres, lesquelz présentent le plat fond, iceluy sera tout remplie d'allebastre jasprée.

17. — A chacune arcure y aura cincq clefz de jaspre, lesquelles seront enrichie de testes ou frutailles d'allebastre.

18. — Sur les colommes, pardevant, y aura quatre niches de six pied de hault ou environ, lesquelles seront environnées de mollures de pierre de touche et de largeur convenable suivant la place.

19. — Et entre les nices et l'arcure y aura des coings à chacune aussy de pierre de touche, enrichie avecq des chapeaux de triumphe d'allebastre.

20. — Et dans les coings de l'arcure du meillieu, y aura..... [1] anges d'allebastre tenans chapeaux de laurier.....

21. — Dans les quatre grandes niches, y aura à chacune une image d'allebastre de haulteur convenable à la place.

22. — A l'arcure du meillieu y sera l'entrée du chœur, lequel aura ung chassis de pierre de touche faict en compartiment de mollures, et la sueille dudict huis sera de pierre de ranstre, et au desus y aura une table d'attente aussy de pierre de touche, et pardesus icelle une mollure de pareille pierre, sur laquelle seront posez les armes du couvent et celles de monseigneur le Prélat tenu par trois anges, le tout d'allebastre; et par derière lesdicts anges et armes y aura ung compartiment de pierre de touche.

23. — Par desus les quatre grandes niches avant dictes y aura, sur chacune, deux console de jaspre; et entre les niches et par desus les arcures, y aura une architrave qui randira et cornicera depuis l'ung des boult jusques à l'aultre dudict ouvrage.

24. Semblablement, y aura une frize d'allebastre enrichie de feuillage qui randira comme la susdicte architrave.

25. — Dedens ladicte frize y aura trois culs de lampe aussy d'allebastre enrichie de fruitaige.

26. — Pardesus ladicte frize et cul de lampe et console y aura une mollure de pierre de touche, laquelle cornicera par tout, depuis l'ung des boult de l'ouvrage jusques à l'aultre.

27. — Pardesus ladicte mollure ou corniche, sur les susdictz console, y aura huict petites colommes sur le devant, de la haulteur de cincq pied chacun, comprins basses et chapiteaux; lesquelz colommes seront de jaspre et les basses et chapiteaux d'allebastre.

28. — Sur chacune des quatre grandes niches avant dictes y aura une domme enrichie pardesus avecq pot à fleurs, le tout d'allebastre, et derière lesdicts domme y aura des tables de pierre de touche.

29. — Et sur chacune desdictes quatre tables y aura ung balustre et deux demie, les entiers seront de jaspre et les demie de pierre de touche, tenans aux plat pillastre qui seront de mesme pierre, derrière les petittes colommes avant dictes.

30. — Au meillieu des archines, sur lesdictes corniches, y aura sur chacune une niche de la haulteur de six pied environ de hault et large à proportion de la place, le tout de pierre de touche.

---

[1] Partie détruite.

31. — Et dans chacune desdictes trois niches y aura à chacune une figure d'allebastre, de haulteur convenable aux niches.

32. — Bien entendu que la niche du meillieu sera plus haulte et plus enrichie que les deux aultres, pour y poser une image de nostre Dame, d'allebastre, laquelle sera de haulteur convenable à la niche.

33. — Et entre les deux aultres niches à costé y aura deux histoires, à scavoir une à chacun costé faisant ensemble quatre histoires sur le devant, le tout d'allebastre et environnées de mollures de pierre de touche.

34. — Et quand à la niche du meillieu, au lieu d'histoires, à costé, sera enrichie d'aultre ouvrage convenable selon la place; le tout d'allebastre, pierre de ranstre, pierre de touche ou noir et blance, entremeslez suivant que l'ouvrage le requérera.

35. — Sur les avant dictes colommes, plat pillastres et entre les niches, y aura une architrave cornichante, avecq ses retours, depuis l'ung des boult de l'ouvrage jusques à l'aultre, le tout de pierre de touche.

36. — Samblablement randira une frize d'allebastre enrichie de fueillages du loing dudict ouvrage, comme aussi une corniche de pierre de touche, laquelle se cornichera pardesus tout, aussy bien pardesus les niches que aultres ouvrages.

37. — Pardesus lesdictes corniches, à l'endroict des colommes, y aura des piètemens avecq des rolleaux de pierre de touche et de ranstre.

38. — Et sur les niches y aura des tympan rompus aussi de pierre de touche, et entre les tympan y aura des piédestal de la haulteur d'ung pied huict poulces chacun et de pareil pierre.

39. — Bien entendu que, sur la niche du meillieu, y aura ung enrichissement de diverses sortes des avant dictes pierres, le tout à l'advenant de la largeur et haulteur......[1] convenable après la place.

40. — Tout lequel ouvrage de devant sera faict bien, deuement et proportionnellement, taillé et polye suivant la spécification de ci-desus, voire plus tost augmente que diminuée, et le tout suivant l'ordre de l'architecture; réservant l'ordre dudict bastiment à la discrétion dudict seigneur Prélat, soit doricque, ionicque ou corinthe.

41. — Pareillement sera faict de l'ouvrage des costez et pardedens le chœur, les rendant aussy suffisants que cestuy de devant et l'œuvre faict de la manière qui s'ensuilt :

42. — Premièrement, quand aux costez pardesus la tombe qui sera sur les grandes colommes, y aura à chacun costé deux termes en façon de console, de pierre de touche.

43. — Et entre lesdictz deux termes y aura une histoire aussy à chacun

[1] Partie détruite de la pièce.

costez, d'allebastre, de sept pied de hault chacune et large à proportion de l'ouvrage; icelles histoires environnées d'un chassis de mollure de pierre de touche.

44. — Au desus les termes y aura deux testes d'architrave aussy avecq deux testes de frize d'allebastre.

45. — Et par desus les frizes y aura une mollure qui randira en rondeur par desus l'histoire, aussi de pierre de touche.

46. — Par desus la corniche y aura à chacun costé deux petites colommes de jaspre de cincq pied de hault y comprins les bases et chapiteaux qui seront d'allebastre, et les plat pillastres de derrière, de pierre de touche.

47. — Entre iceulx plat pillastres et colommes, à chacun costé, y aura une table de pierre de touche refonsé avecq une mollure et, au meillieu d'icelle table, y aura ung ange qui tiendra deux festons de fruictz; le tout d'allebastre.

48. — Au desus de ladicte table y aura six balustres et deux demie, et, au meillieu, trois balustres tenans ensemble; lesquelz balustres seront meslez les uns de pierre de touche, de jaspre, et d'aulcunes de blancq et noir, et ce à chacun costez.

49. — Pardesus lesdicts balustres, colommes et plat-pillastres, viendra une architrave de pierre de touche, lequel randira depuis le devant jusques et contre la muraille.

50. — Semblablement randira pardesus ledict architrave une frize, d'allebastre, enrichie de festons de fruictz, et au meillieu de ceste frize, y aura ung console d'allebastre rouge.

51. — Au desus ledict console, pareillement y cornichera la mollure d'un boult jusques à l'aultre, avecq tous ses retours de pierre de touche.

52. — Par desus la dicte corniche y aura aussi ung timpan rompu et, au meillieu, ung piédestal; le tout de pierre de touche.

53. — Par dedens le chœur, y aura au portal ung compartiment de mollure de pierre de touche, et au meillieu, desus ladicte porte, une table d'attente aussy de pierre de touche avecq deux rolleaux d'allebastre.

54. — Et par dedens, contre les formes, y aura, aux deux costez dudict portal, deux grand plat pillastres quarez, de haulteur de noef pied chacun et de pierre de touche, sans basses et chapiteaux, lesquelz seront de pierre de ranstre ou noir et blanc; le tout à proportion et suivant l'ordre d'architecture.

55. — Au costé de l'huis dudict portal, y aura deux demie plat pillastres de semblable pierre haulteur, basses et chapiteaux, que les susdictz.

56. — Entre le portal et les demie plat pillastres, le platfond ou muraille sera d'allebastre rouge ou jaspré.

57. — Et entre les grand plat pillastres et les demie plat pillastres y aura, à chacun costé, ung petit portal avecq ung compartiment de mollure de pierre de touche; lesquelz auront l'ouverture de haulteur sept pied et de largeur deux pied, trois poulces et demie, qui serviront pour monter audict doxal dés deux costez.

58. — Bien entendu qu'il y aura aussy ung appas de pierre de touche, lequel fera la pleinte des basses des dessus dictz grand plats pillastres.

59. — Au desus lesdictz petits portalz y aura une table d'attente ou quelque aultre enrichissement de pierre de touche et d'allebastre.

60. — Le chapiteau desdictz grans plat-pillastres feront.....[1] pardesus ledict portal et la fermeture desoubz la voulte.

61. — Laquelle voulte sera faicte de pierre de touche en compartimens et icelle enrichie d'allebastre, feuillages et aultres ouvrages à la discrétion du sieur Prélat.

62. — Pardesus lesdicts plat-pillastres, au dehors par dedens le chœur, il y aura une architrave, frize et corniche de pierre de touche, et dedens les frizes, il y aura quatre testes d'anges d'allebastre.

63. — Et audesus lesdictes corniches y aurat une table d'attente avecq le piedestal aux deux costez, et la mollure desoubz et desus; le tout de pierre de touche.

64. — Et dedens les dez des deux piedestal, y aura ung compartiment d'allebastre, de mesme aussy y en aurat dedens les fondz entre la table d'attente et le piedestal.

65. — Par desus y aurat une grande histoire qui aura de large environ cincq pied et demie et hault de cinq pied; et le tout d'allebastre et environnée de mollure de pierre de touche.

66. — Et aux deux costé d'icelle histoire y aura aussy deux plat-pillastres de pierre de touche, et le meillieu d'iceulx plat-pillastres sera enrichie d'allebastre.

67. — Par desus lesdictz plat-pillastres y aura une architrave de pierre de touche, et desus icelle une frize d'allebastre enrichie, et au desus d'icelle frize, y aura une corniche de pierre de touche.

68. — Touttes lesquelles parties ci-devant nommez seront de la largeur dudict grand portal, et proportionnellement faict selon la haulteur et espesseur des pillastres, ci devant spécifiez, suivant l'architecture.

69. — Par desus les formes, à deux costez dudict grand portal, y aura à chacun costé ce qui s'ensuilt :

70. — Premièrement, à chacun costé, y aura quatre colommes de pierre de ranstre avecq leurs basses et chapiteaux d'allebastre, et, par de-

---

[1] Partie détruite.

rière, quatre plat-pillastres de pierre de touche de haulteur convenable.

71. — Et entre les plat-pillastres y aura des tables d'attentes de pierre de touche environné de mollures de jaspre, et, au meillieu, y aura une niche de pierre de touche de la haulteur de cincq pied environ.

72. — Dedens chacune desdictes niches y aura une image d'allebastre de haulteur convenable à icelles.

73. — Et au desus des tables d'attentes, sur chacune et à chacun costez, y aura trois balustres entières et deux demie de pierre diverses comme les aultres ci-devant spécifiées.

74. — Au desoubz des quatre colommes avant dictes qui viennent deseure les formes, y aura une architrave et une corniche de pierre de touche, randissant depuis l'un des boult jusques à l'aultre, et, entre ledict architrave et corniche, y aura une frize d'allebastre enrichie de feuillages, comme aussy quatre console de jaspre, pour soustenir lesdictz quatre colommes.

75. — Comme aussy par desus lesdictes colommes y aura architrave et corniche de pierre de touche, lesquelz se cornicheront par desus les colommes et les niches depuis ung boult jusques à l'aultre; semblablement, y aura aussy une frize d'allebastre enrichie comme les avant dictes.

76. — Sur la corniche, au desus de chacune niche, y aura ung piédestal de pierre de touche avecq des rolleaux d'allebastre aux costez.

Tout ledict ouvrage travaillé ainsy que ci-devant est dict.

Estant mondict seigneur Prélat subject de faire faire à ses despens les fondations et aultres œuvres de machonnerie qu'il conviendra avoir, si comme monter murailles et aultres choses nécessaires.

Comme aussy sera subject de faire faire les hourdages par les charpentiers et livrer engins et cordes pour tirer les pierres en hault.

Pareillement sera ledict seigneur Prélat subject livrer touttes les ferrailles et le plomb qu'il conviendrat avoir pour ledict ouvrage.

Comme aussy fera faire les huisseries tant pour le portal du chœur que pour les deux montées à costez; le tout en tel sorte qu'il vouldra.

ADAM LOTTMAN.

L'original sur papier est en fort mauvais état.

N° 11.
(Archives départementales du Nord.)

Fonds de l'Abbaye d'Hasnon.

Au jourd'huy dixiesme jour du mois de juing an XVIe vingt-sept, Révérend Père en Dieu D. Michiel, abbé de l'église et abbaïe Saint Pierre de

Hasnon, at convenu et accordé avecq maistre Adam Lottman, tailleur
d'imaige, pour faire et dresser en son église de Nostre-Dame La Grande
en Vallenciennes, ung doxal de telle structure et fabricque que cestuy
qu'iceluy Lottman at faict et dressé en l'église de Saint-Bertin, scituée en
la ville de Saint-Omer, excepté la niche de l'arcule du millieu, laquelle
sera plus grande et enrichie que celle dudict Saint-Bertin. Le tout, en
suyte de certaine déclaration spécifique pour ce dreschée et dont en sont
faict deux : l'une estante signée d'iceluy Prélat mis en mains dudict
maistre Adam, et l'aultre signée d'iceluy maistre Adam, mis en mains
dudict seigneur Prélat. Mais sy avant que icelle déclaration y auroit quelque
obmission quy ne rendroit ledict ouvraige parfaict, iceluy maistre Adam
sera subject le faire; et de faict se submect de fairè et ériger iceluy doxal
en la manière d'icelle déclaration et modelle de Saint-Bertin, voires mieulx,
avecq toutes ses pièces et parties bien aginchées et proportionnées. Le
tout aultant industrieusement, artifficiellement et souffissaument que
possible luy sera et que son invention luy pourra suggérer, en sorte
qu'il n'y aura que redire. Livrant par ledict maistre Adam toutes sortes
de pierres soit d'allebastre, pierre de touche, pierre de ranstre blanche
et noire, etc., que aultres à ce requises et nécessaires et des meilleures
que se peuvent recouvrer, nottamment pour l'albastre, laquelle debvra
estre très blance, avecq moins de rougeur que poldra recouvrer. Demeurant mondict seigneur Prélat subject de livrer ce que par la déclaration
avant dicte est reprinse. Sy sera ledict maistre Adam subject livrer toute
ladicte besongne et l'avant dicte église de Nostre-Dame La Grande et le
dresser entièrement sans aulcuns fraix dudict seigneur Prélat, fors de ce
qu'il est subject par ladicte déclaration spécifficque. Sy ne poldra ledict
maistre Adam emprendre aulcun ouvraige tel que fuist ou poldroit estre,
sans le gré et consentement dudict Seigneur Prélat; et ce, jusques à ce
que le susdict ouvraige soit entièrement faict et dressé, à paine de trois
cens florins une fois au prouffit des povres où que mondict seigneur Prélat
le vouldra faire distribuer. Tout lequel ouvraige faict au contentement de
mondict seigneur Prélat, iceluy maistre Adam sera tenu avoir mis et posé
en la forme et manière déclarée cy dessus. Assçavoir les coulommes et
voultes en dedens deux ans de la dacte de cestes, et le surplus du bastiment ung an enssuyvant; et les grandes imaiges d'allebastre au plus tost
après qu'il leur sera possible, pour le parfurnissement de tout ledict
doxal. Lequel, maistre Adam Lottman, présent et comparant, parmy et
moiesnnant la somme de vingt milz cincq cens florins une fois, est submis
et de faict se submect de faire et dresser iceluy doxal en la manière ci-
devant déclarée, voire plustost l'augmenter que diminuer, en suyte qu'est
reprins par la déclaration spécifficque et d'abondant. Oultre la susdicte

somme, ledict Seigneur Prélat, après que l'ouvraige sera entièrement achevé et dressé, donnera audict maistre Adam une vasselle d'argent et ung habit tel qu'il jugera avoir mérité; demeurant la valleur d'icelle vasselle et habit à la très-pourveu discrétion d'iceluy seigneur Prélat. Et quant au paiement de la devant dicte somme, ledict seigneur Prélat furnira audict maistre Adam prestement la somme de quattre milz florins, et quant les coulommes et voultes dudict doxal seront dresché, aultres quattre milz florins; et estant le bastiment entièrement dresché, pareille somme de quattre milz florins. Et le surplus portant huict milz cincq cens florins, quant tous les imaiges seront posez et relivrance faicte dudict doxal en toutes ses parties sans fraulde ny malengien. Et quant à ce obligé « in forma » paix, foy, ayuwe et lettres, sur XL sols de paine à renforcher sur XX sols. Serment faict ès présences des jurez de cattel de Vallenciennes et hommes de fielz de Haynault soubsignez, les jour, mois et an que devant. Tesmoins ainsy signez : Michiel, abbé de Hasnon, Adam Lottman, Simon Le Boucq, S. Genevier et Le Josne; Et plus bas estoit escript :

Ledict maistre Adam Lottman confesse par cestes avoir receu à diverses fois de mondict seigneur Prélat de Hasnon, la somme de quattre milz florins pour le premier paiement que luy debvoit estre faict par le contract de ci-dessus, sans préjudice à aultres acquictz qu'il peult avoir donné au paravant la dacte de cestes pour partie de ladicte somme. De laquelle il se tient content et bien paié, et en tient quicte ledict seigneur Prélat; par le tesmoing de son séing manuel cy aposé. Présens les soubsignez jurez de cattel de Vallenciennes, ce XX⁰ d'octobre 1627. Tesmoins, ainsy signé : Adam Lottman, Simon Le Boucq et Le Josne.

Il est ainsy au contract et quictance originele estant ès mains du soubsignez, tesmoin :

Le Josne.

Au dos : Contract pour la fabricque et érection du doxal de Nostre-Dame à Vallenciennes.

Copie authentique sur papier en très mauvais état.

N° 12.

Le XVIII⁰ de septembre 1629, at esté convenu et accordé entre Simon Génevier, prévost de Hasnon, par cherge de monseigneur le Prélat dudict Hasnon, d'une part, et maistre Adam Lotteman, tailleur d'ymaige; en sorte que d'icy en avant ledict maistre Adam debvra tenir chez soy deux ouvriers tailleurs d'ymaiges et ung garson quy debvront journellement travailler avecq luy aux ouvraiges du doxal de l'église Nostre-Dame La

Grande. Item, trois tailleurs de pierre dure et trois pollisseurs. Lesquelz debvront continuellement travailler comme dict est, sans povoir emploier à aultres besongnes ou affaires qu'à l'œuvre dudict doxal. Moiennant quoy, luy sera furny par chascune sepmaine, la somme de quarante-cincq florins, sans par ledict maistre Adam povoir prétendre d'avantaige, n'est qu'il augmente le nombre de ses ouvriers. Auquel cas sera tenu d'en faire advertence à mondict seigneur, pour y consentir sy bon luy samble. Dont le premier paiement pour la première sepmaine se debvra faire le samedy XXIXᵉ du présent mois de septembre. Promectans, lesdicts comparans, de satisfaire et furnir à ce que dessus respectivement, et ledict Génevier soubz le bon plaisir de mondict seigneur Prélat, sans préjudice au contract passé pour le regard dudict doxal en toutes aultres choses.

Tesmoin, *signé :* Adam Lottman.

S. Génevier.

Archives du Nord. — Fonds de l'abbaye de Saint-Pierre d'Hasnon. — Original sur papier en très mauvais état.

Nº 13.

Maistre Adam Lotman at receu tant moins à son œuvre du doxal par une quictance en datte du 20ᵉ octobre 1627. . . . . IIII M. florins.

Par une aultre du 29ᵉ mars 1630. . . . . XII M. Iᶜ III florins.

Et par une du 17ᵉ décembre 1633. . . . . II M. VIIIᶜLXXIIII florins.

Ensamble ces trois parties portent. . . . XVIII M. IXᶜLXXVII florins.

Et son marché porte, comme appert par le contract reposant ès mains de Jean Le Josne, la somme de . . . . XX M. Vᶜ florins.

Par ainsy luy reste encoire deu. . . . . XVᶜXXIII florins.

Sur laquelle somme ledict maistre Adam at assigné de payer en son acquict à Franchois L'escaillier. . . . . . VIᶜXX florins.

Item à Nicolas Carré, plombnier. . . . Iᶜ LXXIX florins XV patars.

Item à Jean Wagnart en son particulier. Iᶜ IX florins X patars.

Item audict Wagnart pour ung marchant d'Anvers. . . . . IIIᶜL florins X patars.

Ensamble : . . . . XIIᶜLIX florins XV patars.

Par ainsy, lesdictes parties estant payées, luy resteroit encoire deu : . . . . IIᶜLXIII florins V patars.

(Archives du Nord, fonds de l'abbaye d'Hasnon, liasse. Pièce en papier en très mauvais état.)

N° 14.

Payemens faictz à Maistre Adam sur le doxal.

Premier payement at esté faict par quictance	IIII M florins.
Par quictance du 13 febvrier 1628. . . .	I^eLX florins.
Item, le 9e mars	III^eL florins.
le 18e.	VIe florins.
le 4e apvril.	IIe florins.
le 7e may.	IIe florins.
le 23e.	IIe florins.
le 4e juing	IIIe florins.
le 26e.	IIIe florins.
le 4e aoust	VIe florins.
le 11e septembre	IIe florins.
le 22e octobre.	IIe florins.
le 28e.	IIe florins.
le 22e novembre	IIe florins.
le 2e décembre	VIII^eXL florins.
le 16e.	II^eL florins.
le 5e mars 1629.	IXe florins.
l'11e.	I^e florins.
le 5e apvril.	IIII^eLX florins.
le 8e may.	VIII^eXVIII florins.
le 16e juing.	IX^eLXX florins.
le 26e febvrier 1630	XVII^eXX florins.
le 2e mars.	I^e florins.
Ensamble	XIII M. VIII^eLXVIII florins.
Le 9 mars 1630	I^e florins.
le 16^e.	L florins.
le 24^e.	L florins.
le 29^e.	I^eXV florins.
le 6^e apvril.	XLV florins.
le 13^e.	XLV florins.
le 20^e.	XLV florins.
le 27^e.	I^eL florins.
le 4^e may	I^e florins.
le 11^e.	LX florins.
le 18^e.	LX florins.
le 26e.	L florins.

Item, le premier juing. . . . . XLV florins.
    le 28ᵉ. . . . . IᶜIIIIˣˣ florins.
    le 5ᵉ jullet. . . . . L florins.
    le 13ᵉ. . . . . XLV florins.
    le 21ᵉ. . . . . XLV florins.
    le 30ᵉ. . . . . L florins.
    le 8ᵉ aoust . . . . IIIᶜ florins.
    le 10ᵉ décembre. . . . . IIIᶜ florins.
    le premier mars 1631. . . . . L florins.
    le 4ᵉ juing . . . . IIIᶜ florins.
    Ensamble . . . . IIM. IIᶜXXXV florins.
    Ensamble les deux parties. . . . . XVIM. IᶜIII florins.

Le soubsigné confesse avoir retiré dès mains de Monsieur le Prélat de
Hasnon toutes les quictances des partiés et sommes cy dessus spécifiées,
excepté celle de quatre mil florins, laquelle est couchée sur le contract et
cy dessus par le premier article. Ayant le susdict soubsigné donné quictance sur le mesme contract pour la somme de douze mil cent trois florins,
tellement que le soubsigné confesse avoir receu sur son ouvrage du doxal
jusques et comprins ce jourd'huy XXIXᵉ de mars XVIᶜ trente et deux, la
somme de seize mil cent et trois florins, en conformité des quictances
couchées audict contract.

Tesmoin (*signé*) : Adam LOTTMAN.

(Archives du Nord, fonds de l'abbaye de Saint-Pierre d'Hasnon, liasse. — Original en
papier en très mauvais état.)

N° 15.

*Argent desboursé à Maistre Adam Lotman sur les ouvrages du doxal,
depuis le 31ᵉ de mars 1632.*

Le 2ᵉ apvril 1632 par le Bailly Le Boucq. . . . . IIIᶜ florins.
Item, par ledict. . . . . XXX florins.
Le 7ᵉ May. . . . . L florins.
Le 7ᵉ d'Aoust, par le Secrétaire. . . . . Iᵉ florins.
Le 21ᵉ septembre à son serviteur . . . . XXVII florins.
Le 31ᵉ dudict mois. . . . . L florins, XVIII patars.
Le 27ᵉ d'octobre . . . . XXXIII florins.
Le 6ᵉ de novembre. . . . . XX florins, VIII patars.
Le 2ᵉ décembre 1632, III muis bled. . . . . IᶜXXV florins.
Item, le VIᵉ mars à Maistre Adam, Jean Vil-
lain et le recepveur Despretz. . . . . VIIᶜ florins.

Item, que Wagnart at arresté en mes mains
pour son particulier . . . . I^cIX florins, X patars.
Item, pour ung certain marchant d'Anvers. . III^cL florins, X patars.
Item, donné une assenne pour recepvoir
VIII muis bled à . . . . 170 florins.
Item, le XV décembre . . . . XVI patars.

(Archives du Nord, fonds de l'abbaye de Saint-Pierre d'Hasnon, liasse (sans cote en numéro). — Pièce sur papier, en très mauvais état, remplie de corrections et de ratures.)

N° 16.

Payemens faictz à Maistre Adam Lotman, depuis le xxixe *de mars* 1632
jusques et comprins le xviie *de décembre* 1633.

Par les mains de nostre Bailly Le Boucq, les parties cy joinctes :
Le XIIIe de novembre 1632, par quictance. . . . . L florins.
Le XIXe dudict mois. XX florins.
Le XXVIe dudict mois. . . . . XX florins.
Le Ve décembre . . . . XX florins.
Le 11e. . . . . XX florins.
Le 18e. . . . . XX florins.
Le 24e. . . . . XX florins.
Le dernier de l'an 1632. . . . . XX florins.
Le 7e Janvier 1633. . . . . XX florins.
Le 15e. . . . . XX florins.
Le 22e. . . . . XX florins.
Le 5e Febvrier. . . . . XL florins.
Le 12^e Febvrier . . . . XX florins.
Le 18^e. . . . . XX florins.
Le 26^e. . . . . XX florins.
Le 5^e Mars. . . . . XX florins.
Le 13^e. . . . . XX florins.
Le 19^e Mars . . . . XX florins.
Le 25^e. . . . . XX florins.
Le 2^e Apvril. . . . . XX florins.
Le 9^e. . . . . XX florins.
Le 16^e. . . . . XX florins.
Le 22^e. . . . . XX florins.
Le premier May . . . . XX florins.
Le 7^e May . . . . XX florins.
Le 14^e. . . . . XX florins.
Le 21^e. . . . . XX florins.

Le 28ᵉ . . . .   XX florins.
Le 4ᵉ Juing. . . . .   XX florins.
Le 11ᵉ. . . . .   XX florins.
Le 18ᵉ. . . . .   XX flórins.
Le 25ᵉ. . . . .   XX florins.
Le 2ᵉ juillet. . . . .   XX florins.
Le 9ᵉ. . . . .   XX florins.
Le 16ᵉ. . . . .   XX florins.
Le 23ᵉ . . . .   XX florins.
Le 30ᵉ . . . .   IᶜXX florins.
Le 6ᵉ d'aoust. . . . .   XX florins.
Le 26ᵉ. . . . .   LX florins.
Le 3ᵉ septembre . . . .   XX florins.
Le 10ᵉ. . . . .   XX florins.
Le 24ᵉ . . . .   XL florins.
Le 15ᵉ octobre . . . .   LX florins.
Le 22ᵉ. . . . .   XX florins.
Le 12ᵉ Novembre.   LX florins.
Le 28ᵉ . . . .   XL florins.
Portent ces parties ensamble. . . . .   XIIᶜXXX florins.

Aultres payemens faicz audict maistre Adam, tant par Monsieur que
son bailly Le Boucq :
Le 2ᵉ d'apvril 1632. . . . .   IIIᶜ florins.
Le 10ᵉ dudict mois . . . .   XXX florins.
Le 7ᵉ may. . . . .   L florins.
Le 7ᵉ d'aoust. . . . .   Iᶜ florins.
Le dernier de septembre. . . . .   LXXVII florins XVI patars.
Le 27ᵉ d'octobre. . . . .   XXXIII florins.
Le 6ᵉ de novembre. . . . .   XX florins VIII patars.
Le 2ᵉ décembre, par III muids de bled à
III florins l'hu. . . . .   LXXII florins.
Le 6ᵉ mars 1633 audict maistre Adam,
Jean Villain et recepveur Despretz. . . . . .   VIIᶜ florins.
Item, par VIII muids de bled à II florins
X patars l'hu. . . . .   IᶜLX florins.
Le 15ᵉ décembre en argent . . . .   Iᶜ florins XVI patars.
Ensamble . . . .   XVIᶜXLIIII florins.
Ensamble les deux parties. . . . .   II M. VIIIᶜLXXIIII florins.
Le soussigné confesse avoir retiré des mains de Monsieur le Prélat de
Hasnon toutes les quictances des parties cy-dessus spécifiéez, excepté

pour les parties de XXXIII florins, XX florins VIII patars, III Muids de bled, VIIe florins, VIII muids de bled et cent florins VVI patars, pour lesquelles n'avoit esté donnée quictance, qu'il confesse avoir receu ; portant le tout à la somme de deux mil huict cens soixante quatorze florins, en conformité de la quictance couchée sur le contract du marché.

Adam Lottman.

Du XVIIe décembre 1633.

(Archives du Nord, fonds de l'abbaye de Saint-Pierre d'Hasnon, liasse. — Original sur papier en très mauvais état.)

N° 17.

Monsieur le R. Prélat de Hasnon doibt à Simon le Boucq, par reste d'un compte arrestez en septembre 1632, la somme de. . . . . 60 florins 6 patars.

Le 27 dudict mois, payez à Nicolas du Fay pour de la pouldre, du P. Hasnon. . . . . 34 florins —

Item, par 46 quictances payez à maistre Adam Lottman la somme de. . . . . 2460 florins —

2554 florins 6 patars.

Sur quoy at esté receu par ledict Le Boucq d'Anthoine de le Tombe la somme de. . . 400
Item de mondict seigneur Prélat. . . . 220 } 620 florins —

Appert estre deu audict Le Boucq. . . . . . 1934 florins 6 patars.

Ainsy arresté le 17e décembre 1633.

(Archives du Nord, fonds de l'abbaye de Saint-Pierre d'Hasnon, liasse. — Pièce en papier en maurais état.)

N° 18.

Le soubsigné confesse avoir receu de Simon Le Boucq la somme de cincquante florins, promectant en tenir compte à Monsieur le R. Prélat de Hasnon, ledict ce 27 Janvier 1634.

La femme Adam Lottman,
Anne Andrieu.

P. 50 florins.

(Archives du Nord, fonds de l'abbaye de Saint-Pierre d'Hasnon, liasse. — Original sur papier en mauvais état.)

N° 19.

Compte monsieur de Hasnon, pour le dolsal de Nostre-Dame, faict par Adam Lottenian, portant à la somme de vingt milz cincq cens florins.
. . . . XX M. V^e florins.

Sur laquelle somme ledict Lotteman, comme appert par quictance du XVIIe de décembre 1633, il at recheu tant de mon prédicesseur que de nous. . . . . XVIII M. IX^eLXXVII florins.

Par ainsi lui rest seullement deu . . . . . . XV^eXXIII florins.

Sur laquelle somme, par son ordre, at esté payé à Franchois Lescaillet. VI^eXX florins.

Item, à Nicolas Caret. . . . . I^eLXXIX florins.

A Jean Waguenard. . . . . I^eIX florins X pattars.

Item... (1), marchant d'Anvers.

. . . . [1]

Par ainsi, rest à lui deu. . . . . II^eLXIIII florins.
Sur laquelle somme, paiée le XXIIIIe de Janvier . . L florins.
Le XVIIIe de mars . . . . LX florins.
Le premier de mai. . . . . L florins.
Le VIIIe de febvrier 1635, huict muidt de bledt, sur Nicolas Senet, au pris de cincq livres. . . . . I^eLX florins.
Item, le XXVe de septembre. . . . . LXXV florins.
Item, le XXXIe d'octobre, abouté encoires sur ledict Senet, de recepvoir aultres huict muidtz de bledt. . . I^eIIII^{xx}XII florins.
Item paié à sa descharge à Andrieu d'Ath, par plu. IIIIe florins.

. . . . [2]

Par ainsy . . . . [3]

. . . .

Mais lui est deu pour ung gratis et aulcunes prétensions qu'il prétendoit d'avoir pour avoir faict plus d'ouvraiges qu'il n'avoit convenu. . . .
. . . . III florins.

(*Au dos :*) Acte de l'anulation, quittance et autres mémoire touchant la construction du Doxal de l'Eglise de Nostre-Dame la Grande à Vallentiennes, en 1630 et depuis.

(Archives du Nord, fonds de l'abbaye de Saint-Pierre d'Hasnon, liasse. — Pièce sur papier en très mauvais état.)

[1] Partie détruite de la pièce.
[2] Partie détruite.
[3] Partie détruite.

N° 20.

(Archives municipales de Valenciennes.)

Série H. N° 320.

Adjoinctions daulcuns Poinctz Nouueaux Rennouuelez lan 1636.

Sur ce que Maistres Adam Lottman et Jean Goret le Jœusne, auecq
eulx les confréres peintres et sculpteurs de la branche de Monsieur S¹ Luc
en ceste ville de Vallenchiennes, auroient présenté requeste à Messieurs
les Prénost, Jurez et escheuins d'Icelle villé et remonstré humblement
quayant considéré les poinctz de Chartres édictez par Messieurs du Magistrat leurs prédecesseurs en l'an seize cens et huict, le dix huictieme
d'Apuril, pour la direction et manutention de leurs artes de sculpteurs
et peintures, ils y auoient remarcqué plusieurs aultres poinctz qullz
trouuoient debuoir estre entre eulx et par chacun deulx, comme aussy par
leurs seruiteurs, respectiuement maintenus affin de viure en meilleure
Intelligence paix et vnion, et sans les desordres que cy deuant s'estoient
glisez à leur regret. Lesquelz poinctz et articles ilz auoient conceu meisme
chacun deulx l'vn enuers laultre promis les entretenir, mais comme ilz
désiroient que le tout fût cy-aprés inuiolablement obseruez tant par eulx
que par leurs successeurs esditz arts, et pour le repos de la republicq.
Ilz sestoient trouuez conseilliez de représenter, comme Ilz faisoient par
lescript soubsigné de tous ceulx de laditte branche en datte du dix
noeufuieme de feburier dernier Joinct à leur ditte Req¹ᵉ, le tout aux
auantd. Seigneurs du Magistrat à ce qullz seroient seruies pour les raisons
que dessus et celles reprinses au proeunes dudt. escript d'approuuer, et
emologuer en forme d'adjoinction ausdictes Chartres lesdictz poinctz et
articles et y assubjectir à lentreuement desd. poinctz et article, saulf l'ad-
Joinction, Limitation ou diminuoñ que lesd. Seigneurs pourront y apporter
par leur pourueue discrétion, lesdictz mͬes et Compaignions sculpteurs,
peintres et valetz de lad. branche soubz les peines et amendes y portees
pour la moictie d'Icelles appartenir à la chapelle de lad. branche, et
laultre moictie à ceulx desd. arts pour vn quart et laultre quart aux mͤrs
adJoincts desd. arts en consideraoñ du temps qullz exposeront à faire la
poursuite à la charges des contreuenans et aultres. Et requéroient au
surplus lesd. Remonstrans que les paines et amendes quy pourront estre
fourfaictes à cause de lad. contrauention ausd. Chartres ja édictees ou
daulcunes articles d'Icelles soyent déclarées exécutoires par prouision en
cas d'appel et sans préjudice dudict appel, et que, en consëqueñ, le nampt-
tissement en soit faict promptement quelles seront fourfaictes es mains

des maistres desd. arts. Et come par larticle troixieme du project de lad. ampliaon, et escript Joinct à lad. requeste, estoit dict, Que ceulx desdits arts choisiront par pluralité de voix quattre mres les plus capables qullz pourront trouuer entre eulx pour assister et négotier en touttes affaires auecq les Conestable et mres sermentez. Iceulx Remonstr. désiroient que led. article quant à ce seroit esclarez en sorte telle que lesd. Quattre mres quy se choisiront ou pourroient estre choisis assisteront lesd. Conestable et mres sermentez, et négociront auecq eulx lorsqu'Ilz en seront requis par lesd. Conestable et mres et quainsy Ilz trouueront conuenir les éuocquer et non aultrement.

Mesdicts Seigneurs veu et examine la susd. req* et les poinctz et articles couchez en lescript obligatoires passe et soubsignez des Confréres peintres et Sculpteurs de la branche Monsieur S* Luc en ceste ville en dátte du dix noeüfuieme de feburier dernier joinct à lad. req*, par laquelle Ilz en requeroient l'approbation et emologation en forme dadJonction à leurs auantd. Chartres, saulf ladJonction limitation ou diminution que lesd. S** y pourroient apporter, Iceulx Seig** le tout deuemt considere auoient et ont à meur aduis et délibération de Conseil à la demande de mer Michel Despret, licentié es droict lieutenant de Monsieur le Preuost Le Comte establý par loy, approuuez, emologuez et ediclez en forme dadjonction ausd. Chartres les poinctz et articles cy en suiuant declarez, ordonnant aux auantd. Confréres peintres et Sculpteurs de lad. branche de Monsieur S* Luc de les entretenir et observer Inuiolablement eulx et leurs successeurs soubz les paines et amendes y déclarées et qulceulx lont promis et obligez par le susd. escrit joint à lad. req*, non toutteffois soubz lamende des cent liures couchées sur la fin d'iceluy escrit ains soubz lesd. aultres amendes cy aprés déclarées.

j. *Premiers.* Que tous mres respectiuement desdictz deux arts de peintures et Sculpteurs, lequel qué ce soit quy saduanchera et soublira sy auant que de dementir, injurier ou blasmer lvn de ses confréres publicquement ou priuement, Il tombera en tele amende que les conestable mres, et quattre mres des plus anchiens desd. artes trouueront conuenir selon le mes. .... partie Injuriee neaulmoins nonobstant ce enthière en son action réparatoire en Justice et icelle amende sitost namplir es mains dud. Conestable ou à aultre à ce comis, le Jour ou lendemain quil aura esté condampné sans estre subject de se rethirer pour ce en justice par lesd. conestable et mres. Toutteffois led. condampné, aprés que prouisionellement il aura namplie ce en quoy il sera condampné, poldra appeller par deuant messieurs du Magrat de ceste ville de Vallen, pour estre sur led. appel ordonné ce que de raison.

ij. *Item lors quy se ferat quelque* proposition es assamblées desd. Confréres; chacun les debuera entendre et y respondre à son ordre estant prealablement encquis par le conestable ou m̄re plus anchien cōme deuant, daultant quesd. assamblées les Joeusnes mres le plus souuent sans respect de la vielesse des Conestable et m̄res saduanchoient de parler auecq Imprudence et auant leur ordre, volloient enporter leur opinion soit elle telle quelle, pour à ce obuier a este ordonné, conclu et accordé, qulceulx quy, doresennauant saduancheront de ce faire, ou sasseoir à table deuant son ordre, et selon qullz seront appellez par le seruiteur, Ilz escherront en l'amende de quarante sols tournois applicable la et ainsy que sera trouué conuenir, et sy tel n'auoit le moyen de payer ou ne voldroit payer lad. amende, Il ne poldra se rencontrer esdittes assamblées, et ne luy sera faicte aulcune scemonce Jusques à ce qull aura payé laditte amende; neaulmoins il sera submis d'adsister en personne aux processions, et à touttes offices de L'egle, a quoy les confreres sont subjectz, et sy ne serat Il exempte de payer la taille ordinaire deue par les Confréres.

iij. *Item. Que les Conestable Mr̄es* et tous les Compaignions des chartes de peintres et Sculpteurs, et Architecteur choisiront par pluralité de voix quattre m̄res les plus capables, qullz pourront trouuer entre eulx pour assister et negotier en touttes affaires auecq lesd. Conestable et M^{res} sermentez lors qullz en seront requis, par lesd. Conestable et M̄res et que ainsy Ilz trouueront conuenir les euocquer et non aultrem̄t selon quat esté requis sur la fin de la deuantd. req^{te} Lesqlz quattre m̄res et adjoinctz seront renouuellez de deulx ans à aultres, ou continuez selon que lesd. confréres trouueront conuenir et seront lesd. quattre m̄res recompensez et sallariez à laduen qullz auront estez employez durant leur terme.

iiij *Item que doresennauant lesdicts* Conestable et m̄res sermentez accompaigniez des susd. quattre m̄res, adJoinctz, poldront condampner, esd. amendes, les contreuenaps aux poinctz de cy dessus sans aller en Justice, et ceulx quy se sentiront greuez de leur ordonnance poldront d'Icelle appeller; cōme dict est aux despens du tort, lad. amende au préalable, namptye. Et ce à cause que quand quelque opiniastre ne volait payer ses amende, Il falloit le plus souuent que lesd. Conestable et m̄res allassent en Justice par cincq à six jours, et par ainsy le tout demeuroit sans effect quy causoit que lesd. confréres se fioient par aprés à faire daduantaige, et venir Jusques aux mains.

v. *Item, que Personne de quelle* qualité quil soit entre lesd. Confréres ne poldra reporter hors des assamblées, ny daillieur ce quy y serat esté dict faict et passé à paine destre pugny à larbitraige desd. Conestable et m̄res sermentez et adjoinctz, daultant que quand Il arriuoit que quelque Confrére quy voloit ou désiroit d'obtenir quelque chose de la cōmune desd. artes et branche, et sil ne l'auoit obtenu Il sinformoit des Confréres,

7

de ceulx quy luy auoient esté contraires, et puis le scachant Il tachoit de sen venger, doù arriuoit des Inimitiees et querelles.

vj. *Item* que tous Mr̄es Lesquelz cy deuant ont esté mres de lad. branche de Monsieur St Luc Come aussy ceulx quy le seront cy après, auront à remectre tous escriptz lettriaiges et tiltres concernans les affaires de lad. branche es mains du Conestable où mr̄e le plus ancien pour les reserrer tous ensamble dedans leur arche et ferme, à paine de telle amende que dessus et arbitrage desd. Conestable et Mr̄es.

vij. *Touttes amendes venantes et procedantes* des deffaillans aux poinctz cy deuant specifiez debueront estre applicquées à la discretion des confrères et mr̄es des peintres Sculpteurs et Architecteurs de lad. branche et à leur discretion, à lexclusion du stil et mestier des verriers, et pour causse, A repartir la moictie à la Chapelle de leur branche, et laultre asseaūr à ceulx desd. artes, pour vn quart, et laultre quart aux mr̄es et adjoinctz dicelles pn̄tes artes.

viij. *Item que les Conestable et Mr̄es sermentez* de lad. branche, lors que quelques ouuriers demandera son chef dœuure, luy debueront assigner terme pour par Iceluy ouurier acheuer sond. Chef dœuvre, Consideraht par lesd. Connestable et mres, combien de terme Il faudra pour la piece laquelle sera ordonnee aud. ouurier, soit peintre taillieur d'Imaige, ou aultre.

ix. *Item que lesd. Mr̄es sermentez* ne poldront recepuoir aulcuns ouuriers à maitrise durant labsen̄ dvn mr̄ sermenté pour le terme de huict jours, et au cas quil tarderoit daduantage lon choisirat lvn des auantd. quattre adJoinctz.

x. *Item les susd. Conestable et Mr̄es* sermentez ne poldront, au regard de la peinture, ordonner aucun chef dœuure au quaré, ains l'ordonneront de le faire crayonner dessus la thoille ou bois de son seul esprit.

xj. *Item que tous lesd. Confrères respectiuem̄t* se debueront gouuerner et regler en toutte occasion auecq Ciuilité et respect, et spéciallement estant en Compaignie et bancquet, sans pooir liberallem̄t distribuer aulcune chose quy doibt appartenir à la table à paine de pugnition arbitraire come deuant.

xij. *Item que lesdicts Conestable et Mr̄es* ne poldront faire porter par estranger aulcune pièce de peinture par les rues en ceste Ville de Vallenchiennes et banlieu come lon at faict du passé à paine de douze livres damende applicable come dessus, d'aultant que ceulx quy font tel affaires, en les vendant, les vendent pour piece de bon mr̄ ce quy nest, ains le plus souuent sont des peintures à la legere quy ne sont de couleur de longue durée et par ainsy le bruit et renomé de ce bon mre vient estre faict de luy, est blasmé et Interressé n'estant aussy séant que lad. arte de peinture soit ainsy vilainement en mespris come chose du tout contre à Icelle.

xiij. *Item que les Mres de lad. Confrairie* ne poldront recepuoir aulcuns ouuriers lesquels nauront faict et acheué leurs années dapprentisaige.

xiiij. *Pareillemt ne poldront lesdicts mres* receur aulcuns ouuriers lesquelz ayans acheuez leurs apprentisaiges, et se seroient remis en desoubz de quelque mre pour se perfectionner et meliorer.

xv. *Come aussy ne poldront lesd. Mres* et Confréres recepuoir aulcuns ouuriers, lesquelz seroient redeuable au mre dou Ilz seront sortis.

xvj. *A peine de par lesd. mres quy* receueroient aulcun ouurier contreuenant aux susd. trois derniers poinctz destre mis et punis dvne amende telle que lesd. Conestable mres sermenté et mres adjointz trouueront en ce cas conuenir.

xvij. *Item que doresennauant. tous Mres* sermentez de lad. branche desd. peintres Sculpteurs et Architecteurs estant aduertis que quelque ouurier trauaille en secret ou aultrement pour son proffict singulier, lvn ou laultre desd. mres quy en serat premier aduertis, debuerat sitost que fe se poldra aller prendre congé soit du Sr Preuost, Lieuten, ou quelque escheuin de ceste Ville de Vallen pour pouuoir leuer les pieces, à paine en cas de deffaillance ou surceance estre punis par lesditz mres Conestable, et adjoinctz come dict est.

xviij. *Item lors que quelque ouurier se* présentera à chief dœuvre et que parauant Il seroit conuaincüe dauoir fraulde en quelque fachon que ce soit lad. branche, ou bien que par superbité il auroit mesprisé et medict de quelque mre de lad. branche et œuvres desd. artes, Tel ouurier ne debuera estre receue à Chief dœuvre que premièrement Il n'ait sattisfaict ausdictes amendes, et quant esté purgé de ses médisances. A paine que sy telz mres les receuoient aud. Chief-dœuure seront punis come deuant.

xix. *Finablement que les Mres* et confréres desd. deulx artes et speciallement les mres Sculpteurs et architecteurs debueront doresennauant regler leurs œuures trauaillans a Journees, de douze heures par Jour, Assr de six heures du matin, et aultant après midy, Coe l'on at accoustumé faire cy deuant sans de rien cy endroit innouer, Et ce pour conseruer vne bonne règle entre lesd. Mres pour le regard de leurs ouuriers, et les maintenir en bonne paix, concorde et vnion.

Retenant Pooir par Mesd. Seigneurs daltérer, augmenter, corriger ou diminuer les auantd. poinctz toutes les fois que, pour le bien publicq, et augmentaon desd. artes, sera trouué conuenir.

Ainsy faict par Sire Jean de Pittpan, Escuyer, Seigneur de Montauban, preuost de ceste Ville de Vallenchiennes, et ses pairs et compaignions en estat' descheuinaige; à la demande du deuantd. Sr Lieutenant le Comte estably par loy, le huictieme Jour de Mars l'an de grace mil six cent Trente six.

Il est ainsy à son originel en papier et treuué concorder par les soubsignez Jures de Cattel de la Ville de Vallen et hōes de fiefz de Haynn ce sixiesmé may xvj^e trente six.

Pierre PAUL.

1636.

BION.

1636.

(Archives de Valenciennes : Série H. N° 320, f° 13. Registre des Chartes et Règlements des Peintres et Sculpteurs.)

§ 4. — D O U A I

N° 21.

(Archives départementales du Nord.)

Saint-Amé vers 1639. — Contrat passé pour l'érection du doxal de la Collégiale Saint-Amé à Douai[1].

Déclaration, devises pour l'érection d'un doxal ou église collégiale Saint-Amé à Douay.

I. Premièrement y li aura (?) on l. . . . . . huict pieds de hors, en dehors . . . . . . vingt quattre pieds et large . . . . . . huit pieds mesure de Douay.

II. L'entrepreneur livrera la fondation audit doxal et les premiers passets de (pierre ?) de Tournay, poly comme de mesme . . . . . le surplus de touttes les pierres cy (après ?) déclarées et spécifiées qu'il convient pour iceluy ouvraige sans aucune . . . . . . mesme de fer, plomb pour agraffe . . . . . comme aussi bricques, mortier, manœuvre, . . . ourdaige, cordaige, necessaire pour poser et asseoir . . . . mais retournera au profict de . . . . . le vieil doxal avecq ses appon(dances ?) . . .

III. Sur les dicts passets y aura quattre (pierres) de jaspe poly et lustré, comme aussy (les) parties suivantes. . . . .

IV. Et sur chacune . . . . . . y aura une basse (de) marbre blanche et noire.

V. Sur chacune basse y aura une colonne (de) pierre de jaspe, ayant de haulteur chascune sept pieds ou environ. . . . .

[1]. L'acte est en très mauvais état. Certaines parties ont été détruites par l'humidité.

o VI. Et isur les dictes colònnes y aura au . . . . chaspiteau de marbre blanc.

VII. Et sur chacune colònne. . . . . frise et corniches de marbre noir de Namur (de?) la largeur du dit doxal, la frise sera ornée de sixtestes avec des stringuelif (évidemment triglyphes) et griles (?) Et seront aussy de mesme pierre les grands pilastres, ... et converture de l'entrée.

VIII. Et au devant des dites . . . . il y aura à chascune une consolle de la largeur et hauteur de la frise de pierre de Rans, enrichy d'une teste d'ange d'Albastre, sur la dicte consolle cornichera une partie de la dite corniche; la dicte corniche et consolle servira de piélement de figures icy après spécifiées. . . . .

IX. Contre les murailles y aura la mesme ordre que dessus, qu'il y aura aux quatre colonnes, ung tierch moins de la rondeur, mais derrière yceulx y aura des pilastres de marbre noir poly et lustré, comme la pièce qui est en mains de M. le chanoine Legrand, qui est l'eschantillon et modèle pour tout marbre noir cy après spécifié, qu'y porteront les chapitaux et basses: ascavoir de marbre blancq et noir; et dessoubs les dictes basses il y aura une plainte de jaspe de la hauteur comme devant lequel . . . . . depuis un bout du doxal jusques à l'autre, mesme elle servira de sceuil de l'entrée du chœur. . . . .

X. Et au milieu de la muraille contre l'arçure y aura à chascune arçure des deux costés de l'entrée du chœur une niche de pierre de Tournay. La dite niche sera environnée d'un chassy de moulure de pierre de Rans; à chascun costé du chassy il y aura une grif de marbre noir poly et lustré comme cy-devant est dict. . . . .

XI. Et au dessus de la dicte niche (régnera une) corniche comme devant dit ascavoir . . . . . . sur l'arque . . . . des colonnes et . . . . . rondira sur le portal de l'entrée . . . . qui est de pierre de marbre mais . . . . et dedans chascun des deux niches . . . . enrichies d'une escafot taillées à . . . . . . pierre. . . . .

XII. Et dans chascune niche y aura une figure ou statue de Saint Pierre et Saint Paul de pi(erre) d'Avenne, de la haulteur de cencq pieds demy ou aultrement à la discrétion du donateur. . . . . lo

XIII. Et aux dessoubs des dictes figures y aura (une) mollure de pierre de marbre noir (comme) dict est avecq une table d'allante (pour) tailler quelques escripts, et dessoubs (la table) d'allante y aura un vas en demi (rond de la) haulteur de trois pieds ou environ et de . . . . . . demy en diameltre, lequel ser(vira pour) soustenir ladicte table d'allante q(ui aura) signification de sépulture lequel . . . . . . vos servira d'une mollure desoubs . . . . . de mesme pierre. . . . . . .

XIIII. La susdicte table d'allante et vas seront environnez avecq ung compartiment et rond (. . . . .) quy servira de . . . . . de la niche et (figure) quy sera de pierre de Rans.

XV. Au milieu du doxal, qui est l'entrée (du) chœur, le portal sera environné d. . . . . chassy et mollure et au dess. . . . . dans la mesme mollure y aura (une pierre?) d'altante pour y tailler quelque escriteau. Le dit chassy sera taillé et poly dedans et dehors de pierre de marbre noir comme devant est dict.

XVI. Toutes les parties cy-dessus spécifiées seront faictes sellon l'ordre doricque, avec toutte la mesure et proportion.

XVII. Sur les corniches avant dictes y aura trois arçures et, entre deux chascun arcure et au coing d'iceulx, y aura des niches en nombre de quatre pour y poser les quatre évangelistes assis, lesquelles figures seront de pierres d'Avesnes, de la haulteur de trois pieds trois quarts.

XVIII. — Les susdictes arçures et les niches seront de pierre de marbre noir comme dict, entaillées avecq des mollures qui randiront tout allentour desdictes arçures et niches depuis un bout jusques à l'aultre pour tant mieux . . . . . . les joinctures des dictes arçures y aura à chascun deux clefs de pierre de Rans.

XIX. La voute des dictes arcures sera faicte avecq cincq bandes de marbre noir et chascun desquels iront depuis le commencement de la voute descendue jusques aux niches.

Et au travers d'icelles bendes y en aura d'aultre de pareilles pierres, lesquelles feront des quarrés où l'entrepreneur y placera des comparti-ments de pierre d'Avesnes.

XX. Et contre la muraille aussy entre les platras, pilastres lesquels se présente le plat fond, icelly sera tout rempli d'albaire, ... envi-ronnée d'une bordure de marbre noir polie et lustrée comme cy-devant est mentionné. . . . .

XXI. Au fond de l'arçure y aura . . . . sans mollure de . . . de derrière la . . . . colonne de marbre . . . . (comme) dict est avecq trois clefs de jaspe . . . . les joinctures.

XXII. Bien entendu que touttes ces figures . . . . et foeuillaiges et aultres ornemens qu'y sont . . . . (de) pierres d'Avesnes seront albastres comme . . . . . . (les) figures du repositoire d'Anchin.

XXIII. Et dans la dicte arçure dessoubs la porte l'image du sauveur taillée en faction de relief plus que demie basse avec les (bras) . . . . . . estendus, environné de teste d'anges.

XXIIII. Et à chascun côté des dictes niches (seront) des consolles de pierres de Rans en . . . . chapiteaux joints en dessoubs chascun . . . . . . y aura un rethour de mollure . . . . le dict rethour un poinct de jaspe.

XXV. Au dessus l'arçure du millieu y aura (une) table d'altante avecq un compartiment (de) marbre noir comme dict est, et au dessoubs (une) clef de pierre de Rans, enrichy d'une teste de dragon, et au costé y aura deux plats fonds de jaspe comme aux aultres avant dictes . . . . . des feston de frutaiges de pierre d'Avesnes.

XXVI. Sur lesquelles quatre niches y aura . . . . corniche en rondeur par dehors et . . . . et cornichera avecq tous les . . . . touts les petittes consoles . . . . le grand consolle des piette-ments de la table d'altante du millieu et les costés du doxal depuis l'un des bouts jusques à l'aultre, le tout sera de marbre noir cy-dessus spécifié.

XXVII. Sur les corniches des niches de quatre Evangelistes y aura a chascun un domme taillé en rondeur, avec des escaelles et au dessus du piedestal de pierre d'Avesnes et sur iceulx un vas de pierre de Rans et dessus à chacun estage des bouillons de frutaiges et dessus un bouillon de pierre d'Avesnes.

XXVIII. Autour des dommes seront trois petits anges de deux pieds de hault, tenant en leurs mains des panniers de fleurs et autres frutaiges de pierre d'Avesnes.

XXIX. Au milieu du doxal, en hault, sera une niche de pierre de Tournay enrichy d'un escafot où sera l'image de Notre Dame et le petit Jésus de pierre d'Avesnes, de haulteur de qualtre pieds estant assis, ladite niche sera environné d'un compartiment de mollure de pierre de Rans, enrichy au milieu d'une estoile et au costé une fleur de lys et une roze.

XXX. A chascun costé des niches y aura un bief (?) de marbre noir faite en façon de roulleaux et par en bas, au milieu desdicts roulleaux, sera une roze, et sortant d'icelle, un bouillon de frutaige de pierre d'Avesnes.

XXXI. Au milieu des arcures au costé . . . . niche par dessus les corniches . . . . à chascun une niche de pierre de T(ournay) . . . . enrichi d'un escafot environné . . . . compartiment de mollure de pierre . . . . et au millieu en hault une petite (pierre) . . . . d'altante de marbre noir aux costés . . . . de même pierre faict en roulleau . . . . roze de pierre d'Avesne ; dans chascun desdictes niches y seront assises les figures de Saint Amé et Saint Maurant, de quattre pieds de haults de pierre d'Avesnes.

XXXII. Dans lesdictes trois niches y aura un incuvelure composé le fond de pierre de Rans environné de marbre noir . . . . un plat fond de même pierre quy . . . . derrière le domme jusques en hault . . . . comprendront derrière les vas . . . . frutaiges qui sont posé dessus (le) dome.

XXXIII. Dessus ladicte incuvelure seront . . . . faits de pierre de Rans de huict . . . (. . .) . . . . de blancq et noir, y seront aussy sept balustres de mesme, et sept aultres de pierre de Rans . . . .

XXXIIII. Sur lesdicts randira une arquetrave tout au long avecq tous les tours et retours de marbre noir comme dessus, et par dessus (où) plafond et dans le rethour desdictes arquetraves, y aura à chascun un masque servant de cul de lampe pour soutenir un petit rethour d'arquetrave, et lesdits masques seront de pierre d'Avesnes. . . . .

XXXV. Dessus ladicte arquetrave sera une frize taillée de fœuillaige randissant au tour du doxal, de pierre d'Avesnes . . . .

XXXVI. Dessus ladicte frize une corniche de marbre noir bien polie et lustrée comme devant est dict, randissant autour dudict doxal, avecq tous les tours et rethours, servant ladicte corniche de timpane aux niches d'en hault.

XXXVII. Au dessus ladicte corniche et le plat fond y aura sur chascun un pied d'estalle de marbre noir portant à chascun costé des roulleaux de pierre d'Avesnes. . . . .

XXXVIII. Au dessus des trois niches dessus la corniche, entre le timpane, y aura un piedestal de pierre de Rans, et la molluré deseur et dessoubs de marbre noir comme dict est par devant; y sera taillée la marque des chrestiens et icelle du . . . millieu des festons de froict pendant sur le timpane de pierre d'Avesnes . . . .

XXXIX. Et sur iceulx trois piedestals, on posera un crucifix au milieu avecq S. Jean et la Vierge, sur les dés de trois pieds de haulteur de pierre d'Avesnes; et retournerons proufict dudit entrepreneur les vieilles crucifix et ses appendances, comme aussi le viel doxal cy dessus, et ne prouficiant pas l'entrepreneur des dictes . . . . . . avant dictes et sera obligé à la livrance dudit nouveau crucifix (Et sera livré par l'entrepreneur une pièche de bois avec les ferrailles) . . . .

XL. Les deux costés dudit doxal y . . . . retour d'arquetrave avecq le . . . . corniche et striguelif et au . . . . table d'allante a chascon costé et . . . . y aura une teste d'ange . . . . tout selon l'ordre doricque. . . . .

XLI. Au dessus la corniche y aura une (niché) de pierre de Tournay avecq une figure de cincq pieds et demy de hault de pierre d'Avesne. . . .

XLII. Ladite niche sera environnée d'un . . . . de mollure de pierre de Rans, au . . . . aura des gref. de pierre de marbre noir (poli) et lustré comme devant est dict . . . . roulleaux et dessus lesdicts un petit pié . . . . avecq un petit vas dessus, de . . . . et sur ledict un fleuron de pierre . . . .

XLIII. A costé desdicts griefs y aura un . . . . (. . . . . . . pilat de marbre noir et au devant . . . . seront des termes de

pierre de Rans, au . . . . du chapiteaux de mesme pierre de
. . . jouscq le plat fond d'entre deulx d'albastre et jaspe . . . .

XLIV. Dessus lesdicts termes, pelat et niche y (aura) pareille corniche
et au devant deulx (domme?) de marbre noir bien poly et lustré . . . . . .
comme . . . . dict est. . . . .

XLV. Au dessus ladicte corniche à chascun . . . . pelat de
marbre noir et d. . . . . ange de deux pieds un quart hault
tenant un feston de frutaiges dépendant des roulleaux du millieu de des-
seur; la niche du plat fond des derrière d'abbastre, jaspre on pierre de
Rans environné d'une mollure de marbre noir, comme dict est. . . . .

XLVI. Sur l'aisle y sera quattre balustres de pierre de Rans et quattre
de marbre blancq et noir, et . . . demy de pierre de Rans et deux de
blancq et noir. . . . .

XLVII. Au milieu desdictes balustres une table de marbre noir ren-
fonsé; au devant d'icelle un piedestal de marbre blancq et noir où sera
posé un pot à fleurs de pierre d'Avesnes de quattre pieds de haulteur.

XLVIII. Sur lesdictes arquetraves, une arquetrave comme dessus avecq
une frize taillée de pierre d'Avesnes, dessus laquelle sera la corniche de
marbre noir randissant en façon de compartiment de mollure autour de la
table et cornichera sur les pelattes contre les murs, bien polie et lustrée
comme les aultres. . . . .

XLIX. Sur ladicte corniche y aura des timpanes de mesme mollure que
la corniche faict en façon de roulleaux; dans le plat fond de dessoubs y
aura un poinct de jaspre.

L. Dessus ladicte corniche qui . . . . y aura un piedestal
de pierre . . . . et la mollure dessus et dessoubs . . . . .
noir, au costé un roulleau d. . . . . jaspe.

LI. Le pavement dessoubs ledit doxal comme celluy de l'église, et le
pavement du doxal d'en hault de bricquettes, et lesdicts de gréz et appas
de la montée de pierre de Tournay, et sera placé au lieu plus commode.

Toutes lesquelles œuvres et livrances cy dessus mentionnées seront
bien et deuement faictes conformément au model et conditions cy dessus,
et passant par gens (à ce) cognoisseurs . . . .
. . . .

B. Housseau.
Adam[1].

(Archives départementales du Nord. Fonds de la collégiale Saint-Amé; liasses non
classées ou .. .).

1643. — Extrait du compte de la maison mortuaire de feu monsieur Le
Pippre, vivant chanoine de Saint Amé en Douay, touchant les paiements
. . . .

[1] Adam Lottman.

faicts tant à maistre Bon Housseau, que maistre Adam Lotman pour le doxal, et ce depuis le trespas dudict sieur Pippre.

Hein, paie par les exécuteurs pour le subject que dessus I^m II^c LV flor. VII pat. de Douay.

Hein, a maistre Bon Houseau. . . . . I^f IIII^xx IX fl. X pat.

Hein, a Roland De la Ruelle à l'acquict du mesme Bon Houseau, le 20 juin 1641. . . . II^c fl.

Hein, au susdict Bon Houseau, le 15 juillet 1641. . . . . I^c XVI fl. X pat.

Hein, audict le 15 juillet 164. . . . . . . I^c fl.

Hein, audict. . . . . XIX fl. X pis.

Hein, audict. . . . . I^c XXXIIII fl. 1 pat.

Hein, au mesme. . . . . I^c XXX fl.

Hein, au mesme. . . . . X fl. X pot.

Hein, au susdict. . . . . L fl.

Hein, pour le même subject. . . . . I^c XXXVI f. V pat. et demi.

Hein, — . . . . XXXVI fl.

Hein, — . . . . I^c LXVI fl. VI pat.

Hein, a maistre Bon Houseau . . . . XXIX fl.

Hein, audict . . . . XVII fl.

Hein, au mesme . . . . I^c XXX III fl. XI p.

Somme deux mil huict cens septant huict florins treize patars et demy.

(Archives départementales du Nord. Fonds de la collégiale Saint-Amé; liasse non classée, n° 13 [1].)

N° 22.

MONSIEUR,

Depuis la mort de monsieur Pipre, je pœux bien dire avec certitude que bon droict at bon mestier d'ayde. Je veu que sa maison mortuaire m'est aultant obligé qu'il m'estoit en son vivant pour entretenir son accort pour le doxal de vostre église, et pouvoir estre paié de mon œuvres que j'ay jusques à ce jour faict et achevé prest à estre assis et posé, sy je n'avoys occasion de me plaindre bien fort des exécuteurs de son testament pour avoir laissé distraire les biens par les pères augustin, sans retenir, comme il pouvoient et debvoient, le pris et la somme totale que

---

[1] Cet extrait de compte fait partie d'un petit dossier de correspondance, duquel il résulte que la femme de maître Adam Lottman faisait des réclamations.

ledit feu sieur Pipre estoit obligé de me payer par son accord. Je seroy mal conseillé d'agir à allencontre desdits pères augustins qui sont gens de main-morte. J'entens que lesdit exécuteurs ont excédé en leur exécution, qu'il en respondront quant ores ce seroit en leurs noms privez et n'ont que faire de penser que je me vouldroys ressentir de leurs fautes en me laissant embarboulier sur lesdit pères augustins; et qui me donne encoir plus de mervelle la correction, c'est de veoir mesieurs de vostre chapitre si peu activés pour le légat dudit doxal à vostre église, le prix duquel come il me revient, ne debvoit pas estre ainsy diverty au prétexte que le résidu du bien de ladite maison mortuaire doibt appartenir ausdit pères augustins non plus ny moins qu'aultres debtes et légat au préjudice desquelz il ne peult et ne doibt pas avoir quelque résidu au prouffit desdicts pères augustins; cela ne me touche ains seulement d'estre payé de mes livrances que j'ay touttes prestes, en suittes de mon accord, paines et sallaires. Pour à quoy parvenir, je me trouve incomodé de la sort par la faulte desdis exécuteurs, desquelz je n'en pourray jamais avoir aucun paiement que par forche et les voyes de justice si eulx mesme il ne se font rembourser desdits pères augustins de ce que, par trop indiscretement, ilz ont laissé par eulx prendre et emporter en ladit maison mortuaire. Cependant, il me samble que je seroys bien excusé de ces voyes odieuses sy il plaisoit à messieurs de vostre chapitre estre servye de se joindre et faire la poursuitte sur ladit maison mortuaire et contre lesdit exécuteurs en leurs privez, pour avoir acconplissement de l'ordonnance et du légat pour ledit doxal, qui est une chose plus que raisonnable pour la décoration de vostre église et l'honneur de Dieu. A ce sujet je m'adresse à vostre révérence avec sa permission, laquelle at l'auctorité de la pouvoir représenter, pour s'il y at moien que ainsy je puisse estre assisté en ce qu'il me touche en particulier, la suplyant bien fort me voloir obliger, pour, en revange, lui pouvoir rendre toutes actions de services. Sur ce, luy baisant très humblement les mains, je me seigne.

Monsieur,

De vostre révérence, très humble serviteur.

Adam LOTTMAN.

De Vallenchiennes, le 30 juin 1643.

Au dos : *A Monsieur, Monsieur Silvius, docteur de la Sainct Théologie, doien du vénérable chapitre de Sainct-Amé, à Douay.*

(Archives du Nord. Fonds de la collégiale de Saint-Amé de Douai. Portefeuille n°29. Original sur papier en mauvais état.)

N° 23.

19 En la cause meue et pendante au grand conseil de sa majesté, entre maistre Renon Damiens, licentié ès loix, chanoine de Saint-Géry en Cambray, et consors, impétrans de mise de faict, d'une parte, et les pères brigittins, le chapitre de Saint-Amé et les pères augustins de Donay, ensemble les exécuteurs testamentaires de feu le chanoine Le Pipre, adjournez, d'autre, comparantes parties par leurs procureurs en jugement. Après que de la parte desdicts impétrans maistre Adrien Leplat, attendu la nullité notoire au testament en question, a conclu à ce que iceulx impétrans fussent, par provision, déclarés héritiers *ab intestat* de feu le chanoine Le Pipre, leur oncle, avecq demande des despens ; et que maistre Charles Le Fay, Jean Desgrousiliers et Noël Martin ont débattu l'acte dudict Leplat, cy-dessus, par dénégation d'impertinence et aultre, comme aussy la provision requise, soustenant qu'elle n'y eschéoit, aussy avecq demande de despens ; et aiant ledict Leplat, par maistre Robert Foucquier, advocat, persisté : Finalement, parties ouïes, leur débat meu en cest endroict a esté et est retenu en advis du commis à l'expédition du rolle, avec permission à icelles d'y joindre *hinc inde* un brief mémoire ou advertissement tendant, par elles respectivement prinses, pour, en la visitant, y avoir tel regard que de raison. Faict à Malines, le vingtiesme de juin mil six cent quarante-trois. Plus bas estoit escry : F. Sanguessa.

Les commis ordonnent que ce débat soit joint au principal pour, sur tout, estre faict droict comme en justice appartiendra ; et sans préjudice de ce, déclarent que lesdicts impétrans auront, par provision, la jouissance des biens délaissés par feu le chanoine Le Pipre, leur oncle, et ce à caution suffisante de paier aux créditeurs et légataires ce que pouroit cy après leur estre adjugé, réservant dépens en définitive. Faict à Malines, le veingt sisiesme de septembre mil six cens quarante-trois. Plus bas estoit escry : F. Sanguessa.

Sommations ont esté faictes, par le soubsigné huissier d'armes de sa magesté, aux procureurs Martin, Le Fay, Desgrousilier et Hanotel, affin que les adjournez, leurs maistres, aient à satisfaire à la sentence cy-dessus, en dedans la XV° de ce vingt-sisiesme de septembre mil six cens quarante-trois, à peine d'exécution, leur en délivrant respectivement copie avecq la présente sommation. Plus bas estoit escry : R. Couppellet.

(Archives départementales du Nord, Fonds du chapitre de Saint-Amé de Douai, Portefeuille n° 29. Copie sur papier.)

N° 24.

Pour, de la part des doyen et chanoines et chapittre de Saint-Amé, impétrants, contre Bon Hoiseau et Adrien Lotman, adjournez, déduire et demonstrer et qu'iceux adjournez ne sont à recepvoir au renvoy par eux requis et que à tant ils seront condemnez de respondre et contester sur les conclusions prinses par lesdicts impétrants au jour servant, en les condamnant aux despens d'iceluy renvoy ; se dict en brief par forme de mémoires ce que s'ensuit.

Primes, pour ouverture sommière du faict, il est que feu maître Jean Le Pipre, licentié ès droits, prebstre et chanoine dudict Saint-Amé, à Douay, auroit convenu avec ledict Lotman, sculpteur, demeurant audict Vallenchiennes, et Bon Hoiseau, architec, demeurant audict Douay, pour ériger ung docxsal en ladicte église.

Et à la suitte de ce, ils se seroyent addressé ausdicts impétrants les requérants de pouvoir faire ouverture de leur chœur pour travailler à l'érection dudict docxsal et au plustost l'achever, selon qu'ils promectoyent.

A quoy lesdicts impétrants se seroyent aussy laissé porter, parmy ladicte charge et promesse, ensorte que seroit ensuivie l'ouverture dudict chœur, et conséquitivement esté travaillé par lesdicts emprenneurs aux fondements d'iceluy.

Lesquels se treuvants à veue d'œil insuffisants et défectueux et néantmoins pour leur plus grande asseurance ayants esté visitez de la part desdicts impétrants, iceux en auroyent quant et quant donnée advertence ausdicts adjournez de ladicte insuffisance, et que à tant ilz y auroyent à pourveoir.

A quoy néantmoings ils n'y ont voulu entendre, ains au contraire maintenuz, contre leur mellieure science, que lesdicts fondements estoyent suffisans ; d'où lesdicts impétrants auroyent de rechef prins subject de les interpeller en amiable, et depuis les sommer affin que autre visite s'en feroit d'ung commun accord, pour ce faict, y estre remédié au moindre intérest de l'ung et de l'autre des parties.

Et comme lesdicts entrepreneurs n'y ont voulu entendre non plus à ceste interpellation que à la première advertence, et que cependant ledict chœur demeuroit ouvert au très grand préjudice et intérest, non seulement desdicts impétrants, mais aussy de ladicte église et service divin quy se doibt journellement dire et célébrer, ilz ont trouvé conseillable, pour enfin avoir raison desdicts adjournez, obtenir lettres d'ajournement à leur charge comme ilz ont faict en ceste Cour avecq le « committimus » et jour céans.

En vertu desquelles ils les auroient faict adjourner pour le trentiesme de janvier de l'an mil six cent et quarante-quattre.

Auquel jour ramenant ils n'auroyent encores comparu, ains se laisser cheoir en deffaut.

A raison de quoy la cause auroit, orprismes, esté expédiée le douziesme de mars ensuivant, et suivant ce, y ramenant à faict leur exploit, auroyent conclu tant au principal que par provision selon leur exploits; et affin que lesdicts adjournez et chascun d'eux *in solidum* ait à remectre promptement ledict chœur en son estat pristin et deu, et conséquitivement tel qu'il estoit auparavant leur entreprinse dudict docxsal par leur dicte traicté et accord fait avec ledict sieur Le Pipre.

Synon qu'ilz auroyent aussy promptement à faire achever ledict docxsal conformément audict accord, et que à cest effect sont faict auparavant; et promptement. Veu de lieu, par assomption de part et d'autre, de gens à ce congnoissants pour veoir et recognoistre les défectuositez d'iceluy docxsal, contre et au dehors dudict traitté, et particulièrement qu'il manque esdicts fondementz.

Et qu'à tant, pour mectre lesdicts impétrants hors d'intérest et que le service divin ne soit d'avantage empesché comme il at esté jusques, par semblable bastiment et ouverture, lesdicts adjournez soyent condemnéz de restablir ledict chœur ou de passer comme dict est à l'érection dudict docxsal, conformément audict traicté; et après ladicte visite achevée, demandant despens, dommages et intérest.

Surquoy lesdicts adjournez, au lieu de procéder et contester, auroyent, aux plaids du seiziesme d'apvril, continué au vingt-nœufiesme dudict mois, déclairé qu'ils ne sont traictables en ceste cour, requérant partant renvoy pardevant leur juge ordinaire et compétent, demandant despens.

Lequel renvoy, lesdicts impétrans ont débattu, soustenant qu'il n'y chiet.

Et pour avoir esté persisté au contraire, de la part desdicts ajournez, les parties ont esté *hinc inde* réglées de mémorier et joindre à huictaine sans continuation du roolle.

Pour à quoy satisfaire, lesdicts impétrants servent des présentes mémoires, espérant que, par les faits et moyens et raisons y déduittes, ils doibvent obtenir en la rejection dudict renvoy, et que à tant il sera dit et sententié que iceluy n'y chiet, en condemnant, quant et quant, lesdicts adjournez de contester tant au principal que sur la provision, conformément ausdicts conclusions, et ès despens.

Car, en premier lieu, il appert que l'ung desdicts adjournez, asscavoir Lotman, demeure à Vallenchiènes et l'autre à Douay, et partant, s'il convenoit ausdicts impétrants intenter action pardevant leur juge ordinaire et compétent, ils debvroient ster à droict pardevant divers juges et ainsy soustenir deux procès pour ung mesme faict et subject « adeoque ne con-« tinentia causæ dividatur »; il n'y à de plus juste ny raisonnable que de retenir ceste action en ceste cour, comme souveraine de l'une et de l'autre desdictes parties.

Et de faict, lesdicts adjournez récognoissants la compétence de ladicte Cour, et que par conséquent à elle seule appartient la cognoissance de ladictle action, ilz ont eux-mesmes présenté requeste en ceste Cour et l'a faict insinuer ausdicts impétrants loingtemps avant qu'ilz ayent estez insinuez desdictes lettres d'ajournement et que icelles ayent esté reproduittes en jugement, et ce affin d'estre payé desdicts impétrants du prix par eux prétendu pour et à raison dudict docxsal.

De sorte, que lesdicts adjournez ayants une fois recognu le juge pour une dépendance dudict traicté, ilz ne le peuvent mescognoistre pour l'autre.

Il y a plus, c'est que lesdicts adjournez ne s'estants présenté audict jour servant desdictes lettres d'ajournement, quy fut le 3e de janvier 1644, deffaut auroit esté accordé avecq privation de déclinatoire quy seul suffit pour abjuger ledict renvoy, nonobstant qu'ilz s'ayent représenté aux plaidz dudict 12e de mars, par ce que le droict estoit jà acquis ausdicts impétrants doiz ledict deffaut décerné, lequel à tant ne leur peult estre osté.

Moyennant quoy, persistent lesdicts impétrants « ut apud acta ». Signé : DOMBREY.

(Archives du Nord. Fonds du chapitre de Saint-Amé de Douai. Portefeuille n° 29; copie sur papier, en mauvais état.)

N° 25.

Exhibé par Lodewicx aux plaids du 7e de mayt 1644.

Bon Houseau et Adam Lottman, ajournez,
Contre :
Les doyens, chanoines et chapitre de l'église Collégiale de Saint-Amé à Douay, impétrants.

Les adjournez déclairent que les matériaux et tout ce quy est requis à la perfection dudit doxal est piéça préparé et qu'ils sont prests, comme ilz ont tousjours esté, de l'ériger et mectre en tel estat qu'il convient, pourveu que leur soit satisfait de ce qui leur vient en conformité de leur accord. Pour auquel furnir de leur part, ils ont, du consentement des impétrants, faict ouverture du cœur tellement qu'il ne tient qu'à eux que ledit doxal ne soit érigé et qu'il n'y ait aucun empeschement audit cœur,

quoy qu'il soit fort petit. Concluent, parlant affin de non recepvoir de non
cause et d'absolution, débattant la provision requise, soustenans qu'elle
n'eschiet, demandant despens. Signé : Lodewix, procureur.

Ledict Desgrousiliers, procédant sur l'escript de Lodewix servant lesdicts
Houzeau et Lotman, accepte pour autant qu'il y est, en effet, renoncé au
renvoy par eux cy devant requis, et à tant sans préjudice des despens sur
ce engendrez, le débat d'impartenence, d'insuffisance et autrement, et
persiste tant au principal que à la provision des despens, parties ouyes,
le débat en advis au regard de ladicte provision et pour le principal
seront réglées à mémorier et joindre à XVe

(Archives du Nord. — Fonds du chapitre de Saint-Amé de Douai. Portefeuille n° 29.
Copie en papier, en mauvais état.)

N° 26.

Comparut en sa personne maistre Bon Houseau, bourgeois et recepveur
en ceste ville de Douay, et recognult comme il auroit, avecq maistre Adam
Lottheman, sculteur, demeurant à Vallenchienne, emprins l'érection et
bastiment d'ung nouveau doxal dans l'église collégiale de Saint-Amé,
audict Douay, moiennant le pris et conditions convenuz et accordez entre
eux, et, à présent, deffunct monsieur maistre Jehan le Pippre, vivant
prestre, licentier en droict canon et chanoine de ladicte église, selon qu'appert par acte de ce faisant mention, signé dudict sieur le Pippre, J. Legrand et Léonard de Ligny, en datte du nœufiesme de septembre XVIe
trente-neuf, dont les fondations seroient en partie faictes et grand nombre
de pierres et estoffes jà aussy faictz et amenez pour faire ladicte érection,
sy bien que s'en voullant, par ledict comparant, absolutement déporter
il avoit et a, par ces présentes, pour aulcunes causes à luy cognues et à
ce mouvantes, quicté, rendu, remis, ceddé et du tout délaissé audict
maistre Adam Lottheman quy aussy comparant at accepté, toutte telle
part, droict, prouffict, fruict, perte et généralement tout ce quy pouvoit
prétendre à raison dudict doxal. Pour, par ledict Lottheman, en jouir, user
et profficter seul dois ce jourd'huy en avant comme de sa chose propre
le subrogeant à ces fins à son lieu, nom, droict et action ; à charge,
par icelluy Lottheman, de descharger, acquitter et du tout indempner
ledict Houseau de touttes charges, debtes, ouvraiges, obligations et marchietz contenantz ledict doxal, et faire en sorte que luy, ny ses hoirs, n'en
seront recherchez n'y inquiétez, obres ny à l'advenir, *et le mettre promptement hors de touttes lesdites obligations*, accordz, marchietz et œuvres, *comme aussy de furnir promptement audict Houseau la somme de
trois cens florins, une fois, pour l'interrest* de ses deniers, advanchez pour

avoir lesdictz matériaulx, ensamble luy rendre et restituer toulles lesdictes advanches portantz à la somme de VIII^c XXVI florins VI patars VI deniers, y comprins les trois cens florins cy dessus, quy se prendront *sur les aboults* desquels ledict Houseau at droict par certain acte signé J. Legrand, portant datte du dix-septiesme de décembre XVI^c quarant et ung, en qualité *d'exécuteur testamentaire dudict feu sieur Le Pipre, quy en avoit précédentement droict de monsieur Jean Dubois,* aussy prestre et chanoine d'icelle église, par son acte couché au pied de l'ordonnance desdits *aboults, portans de reste huict cens vingt six florins quattre pattars* six deniers arthois. Et où que lesdits aboults ne rattaindroient le paiment desdictes advanches et trois cens florins, ledict Lottheman sera tenu et submis de paier et refurnir audict Houseau ou ayant cause la courteresse. Et à tout ce que dessus est dict tenir, entretenir, paier, furnir et accomplir, en ont lesdicts comparants submis et obleigez leurs personnes, biens et héritaiges, accordans sur iceux mise de faict et main-assize, acceptans à juges messieurs du Conseil d'Arthois et à do^{le} (domicile) la chimentière de Saint-Amé pour y exploicter, renonchans par serment à choses contraires, donnans au surplus pooir irrévocable à.............¹ ou à aultre porteur des présentes de, pour eux et en leurs noms, les recognoistre et passer de nouveau pardevant tous juges, justices et personnes publicques qu'il appartiendra, mesmes accordez condamnation vollontaire pardevant messeigneurs du grand conseil de Sa Majesté et aultres subalternes pour les rendre exécutoire par tout où que requis sera. Et à la sceureté, paiement et accomplissement, obleiger, affecter et rapporter par voie de dessaisine et hypothecque tous et chacuns leurs biens, terres et héritaiges pardevant les seigneurs ou officiers de quy ils sont tenus et mouvans, ou aultrement accorder le décrettement de telle mise de faict et main assize que l'ung ou l'aultre en voudra faire et intenter pardevant juges souverains et compectens, qu'ils promettent le tout tenir et avoir pour aggréable, ferme et stable comme sy en personnes y estoyent, soubz les mesmes obligation, accordz, acceptation et renonchiation que dessus. Ainsy faict et passé audict Douay, ce nœufiesme de Juing *XVI^c quarante-quattre,* pardevant les nottaires d'Arthois, soubsignez, et desdicts comparans. Ainsy signé : B. Houseau, Adam Lottheman, A. Dervillers et J. Bacquet.

Les jour, mois, an et pardevant que dessus, messieurs maistre *Nicolas de Lannoy, thrésorier* du chapître de Sainct-Amet, Charles Dufour et Franchois Molle, tous prebstres et chanoines de l'église dudict Saint-Amé, comme estans députés, en la présence desdicts nottaires, de tout ledict chapistre pour faire l'acte cy après, monsieur Isaacq Le grand,

---

¹ En blanc dans la pièce.

aussy prebstre, chanoine et escholattre de ladicte église, et maistre Paul
Huttin, vice-pasteur d'icelle, exécuteurs testamentaires de deffunct monsieur maistre Jehan Le Pippre, ayans euz lecture du contract cy devant
en plain chapistre, ont icelluy aggréez et approuvez en son contenu
scavoir, *lesdicts seigneurs députez*, en tant que touche ledict chapistre,
et *lesdicts exécuteurs* aussy en tant que touche leur exécution, à tel effect
que *maistre Bon Houseau*, y dénommé, *demeure à tousjours quicte et
deschargé* des obligations, contractz, marchietz et œuvres y reprins, *consentans et accordans qu'icelluy recepvras les aboults y spécifiez selon le
transport qu'il en at, sans qu'ils y pourront contrevenir* : Promettans,
lesdicts sieurs comparans, ladicte aggréation et ce que dessus tenir, entretenir et faire valloir, soubz l'obligation des biens et revenuz temporelz de
ladicte église et ceux de ladicte exécution testamentaire. Renonchans à
choses contraires ; lesquelz aggréation et consentement ledict Houseau
aussy présent at accepté. Ainsy faict et passé audict Douay les jour, mois
et an que dessus ; tesmoins ainsy signez. N. de Lannoy, Char. Dufour.
Franchois de Molle, J. Legrand, Paul Huttin, B. Houseau, A. Dervillers
et J. Bacquet.

Et est ainsi à son originel ; tesmoins :

DERVILLERS,
1644.

Ce IXe de novembre XVI^c quarante-six, maistre Bon Houseau, bourgeois, naguaires eschevin de ceste ville, capitaine d'une compagnie bourgeoise en icelle, maistre Adam Lothman, sculteur demeurant à Vallenchiennes, comparans pardevant les auditeurs roiaux soubsigné, ont
aggréé et approuvé le contract par eux passé cy dessus, le faisant et passant
de nouveau en tant que de besoing. Consentant ledict Lothman que ledict
Houseau reçoipve et proufficte des VIII^c XXVI florins VI pattars VI deniers des aboults de messieurs du chapistre de Saint-Amé conformément
audict contract et de l'acte couché au pied d'icelluy, saulf que ledict
Houseau en debvra tenir compte audict Lothman et qu'icelluy aura bon
la somme de soixante florins. Au moyen de quoy, il at quicté et quicte
ledict Houseau, de touttes prétentions et demandes qu'il euist et polroit
faire à sa charge, le tenant en effect quicte et deschargé de tout à tousjours. Néantmoins arrivant que ledict Lothman seroit débouté par sentence en première instance contre les héritiers de deffunct maistre Jean
Lepippre, vivant chanoine dudict Saint-Amé, pour le faict de cent
XXIIII florins qu'iceux voldroient maintenir avoir esté receuz du sieur
baron de Baienghurem, ledit Houseau promect rendre et paier ladicte
somme audict Lothman ou ayant cause ; bien entendu et qu'at esté stiputé,
arrivant que ledict Lothman trouveroit cy après que ledict Houseau ne

luy auroit renseigné plainement les réceptes qu'il at faict tant dudict sieur
Pippre que de ses exécuteurs testamentaires portant à six mil huict cent
quattre vingt XVIII florins III pattars, en ce comprins les susdicts VIIIe
XXVI florins VI pattars VI deniers desdicts aboults que ledict Lothman
confesse avoir receu dudict Housseau, icelluy sera tenu luy paier et
refurnir le surplus et restant desdictes receptes excédantes esdictes
sommes. Et à tout ce que dessus est dict tenir, entretenir, furnir et
accomplir, en ont, lesdicts comparans, submis et obleigé leurs corps,
biens et héritaiges; renonchans à choses contraires. Ainsy faict et passé
audict Douay, les jour, mois et an et pardevant que dessus. Tesmoins
ainsy signés. A. Dervillers et J. Bacquet.

Et est ainsy à son originel; tesmoin :

Dervillers,
1646.

N° 27.

Le deuxiesme de juillet XVIe quarante et quattre, en suitte de l'acte de
compromis faict entre Messieurs Pierre Coppin, chantre, Nicolas de
Lanoy, trésaurier, Charles Dufour, François de Molle, tous chanoines de
l'église collégiale de Saint-Amé en ceste ville, eux disans députez du
chappittre d'icelle église, le huictiesme de Juin dudict an, pardevant nottaires d'Arthois, d'une part, Bon Houseau et Adam Lotteman, entrepreneurs d'un nouveau doxal que l'on prétend ériger dans le cœur de ladite
église, d'aultre part; à effet que seroient choisys pour arbitres, arbitra-
teurs et amiables compositeurs deux personnes, sçavoir l'une de la part
desdicts sieurs, et l'aultre desdicts Houseau et Lottman, pour recognoistre
et faire visite des fondations dudict doxal, sy elles sont suffisantes ou non,
conformément à l'accord et marchet dudict doxal, et icelles deux personnes
arbitres ne convenans ensambles, poldront prendre une troizième pour
en décider : Lesdicts arbitres seront tenus au préalable prester serment
de donner le droict à quy il appartiendra, selon qu'est plus amplement et
particulièrement reprins audict acte de compromis. Auroyt, en la part
de messieurs Nicolas de Lanoy, trésaurier, Antoine Delecourt, Jean Anthoine Triest, Nicolas Coille, tous chanoines de ladicte église, eux disans
à ces fins députez, estez choisy : Loys le Simon, maistre Machon en ceste
dicte ville, Pour de leur part faire ladicte visite; et ce fait, lesdicts sieurs
députez auroyent requis ledict maistre Adam Lottman de choisir, aussi de
sa part, une personne : à quoy il auroyt faict response qu'il se contentoit
pareillement dudict Le Simon, au dire duquel il s'attendoit et remédieroit

à tous deffaultz que seroient trouvez esdictes fondations, s'offrant ledict Lottman de prester serment en tel cas pertinent avecq ledict Loys le Simon, et rapporter par ensambles, fidellement les deffaultz et mancquemens ou suffisance desdictes fondations, ensambles les remèdes convenables pour remédier ausdicts deffaultz sy aulcuns s'en retrouvoient. Pour à quoy satisfaire, ayans lesdicts Lottman et Le Simon presté ensambles ledict serment, auroyent faictz, ledict deuxiesme de jullet an susdit, la visite, et y trouver ce que s'ensuit : Asscavoir, à l'entrée dudict cœur du costé droict venant du grand autel à la première muraille, ils ont trouvez la fondation faicte de parpoint de vergrain, mais en bas icelle fondation a ung pied et demy près de largeur, ont trouvez qu'icelle fondation de ladicte première muraille n'est nullement suffisante, à raison qu'icelle at esté trouvée en bas au creu de deux costez remply de groises et qu'elle est plus estroicte en bas d'une demye bricque à chacun costé qu'au milieu, et toutesfois elle doibt estre beaucoup plus large comme at esté faict à l'aultre costé senestre de ladicte muraille, à quoy l'on se debvroit conformer ; et pour à ce remédier, lesdicts Lotteman et Le Simon, soubsignez, ont trouvez convenir de remplir au massif ladicte fondation desdicts deux costez avecq des parpoinctz de vergrain et faire faire des vaussures entre les fondations pour plus grande assceurance de les consolider.

Item, au coing de la fondation de la deuxieme muraille faite du mesme costé droict venant audict grand autel où on doibt poser la demye coulomme et plast pilaistre et pied droict de la porte de l'entrée dudict cœur, où la fondation doibt estre plus forte et ferme, ils ont trouvez n'estre aussy suffisante, parce que les premières pierres estoient assizes sur des groises au lieu qu'elles debvoient estre assizes sur argille, comme ils sont à l'aultre costé senestre de ladicte muraille ; et pour y remédier, il faloit oster lesdictes groises et remectre lesdictes pierres ou massif sur argille.

Item, outre lesdictes deux murailles dudict costé droict où on doibt poser les appas de la montée, ont trouvez aussy au creu et remply de groises, au lieu quy doibt estre remply de ferme machonnerie, comme est faict et remply au ferme à l'aultre costé senestre, de quattre à cincq pieds ou environ de haulteur pour donner la fermeté l'ung à l'autre, affin de lier lesdictes deux murailles par ensambles et qu'elles ne se puissent avaller l'une sans l'aultre, comme il estoit commenché à l'aultre costé ; pourquoy lesdictes soubsignez ont trouvez nécessaire de remplir tout au massif et faire des vaussures affin que lesdites fondations soient plus fermes et solides.

En suitte de tous lesquels deffaultz et mancquemens desdictes fondations cy dessus trouvez et remarquez par lesdicts soubsignez faisans ladicte visite, iceulx certifient, par le mesme serment que dessus, que lesdictes fondations n'estoient suffisantes pour y asseoir ledict doxal, mais qu'au préalable il convenoit donner le remède cy devant déclaré; ce que ledict maistre Adam at promis effectuer. Ayans respectivement lesdicts soubsignez promis par cestes de les recognoistre par devant toutes personnes publicques que requis seront. Ainsy faict, visité, certiffié et affirmé en la ville de Douay, ledict deuxiesme de Jullet dudict an XVIe quarante et quattre; tesmoins :

Adam Lottman;
la marcque de Loys le Simon.

Comparans lesdicts Adam Lottman et Loys le Simon pardevant les auditeurs royaux soubsignez, ont recognut et recognoissent tout le contenu en l'acte cy dessus véritable, le passant de nouveau par ceste affirmans, par leur serment solemnellement presté ès mains desdicts auditeurs, tout ledict contenu véritable suivant la cognoissance qu'il portent ès debvoirs y reprins à raison de leurs stiles. Ainsy faict, affirmé et recognu en la ville de Douay, le unziesme de Jullet XVIe quarante et quattre par lesdictz auditeurs soubsignez.

Adam Lottman; marcque de Loys le
Simon; Dervilliers 1644; Jacquet.

¹ (Archives du Nord. Fonds du chapitre de Saint-Amé. Portefeuille n. 29. Original sur papier en mauvais état.)

N° 28.

Je soubsigné confesse avoir reçu de messieurs les doyens, chanoines et chapitre de l'église collégiable de St. Amé en Douai, la somme de huict cent florins, au nom et à la descharge de monsieur Damiens, chanoine de la Collégiablé de St. Géry en Cambray et ses consors, héritiers à l'intesta de feu monsieur Jean Le Pippre, chanoine en son temps de ladite église de St. Amé, à bon compte de ce que luy reste deub pour un doxal donné par ledit sieur Pippre pour ériger en ladicte église de St. Amé. Lesdicts sieurs du chapitre avanchans ladicte somme, suivant quelque transport d'une lettre de rentte de huict cent florins en capital en date du sieziesme juillet seize cent quarante quattre, à eulx faict par ledict sieur Damiens et consors; le tout reçu en juillet et aoust dudict an seize cent quarante quattre, travaillant à l'érection dudict doxal, dont par ceste, touttes les...... ¹ particulières données à bon compte ² ladicte somme de huict cent florins seront cassées.

Adam Lottman.

(Archives du Nord, Fonds de la collégiale de Saint-Amé de Douai. Portefeuille n° 29. Pièce originale en très mauvais état.)

¹ Partie détruite de la pièce.
² *Ibid.*

N° 29.

MESSEIGNEUR,

Pour respondres à celles que voz seigneurie ont estées servies me faire escrire le 21ᵉ de may dernier, mon apsence en aprés mon indispoton (*sic*) survenu ont causé ce retardement de ne les avoir plustôt informé que je n'ay tousjours rien plus à cœur que de leur rendre service et parachever mon onvraige encommenché à la plus grand gloire de Dieu et décoration de vostre église, mais il ne m'est à présent possible, ne soit que mesdits seigneurs me veullent advancher, en acquit de la maison mortuaire de feu monsieur Pippre, la somme de trois cent florins qui est bien peu de chose en ce mieng besoing; moiennant quoy et ce que je contriburay encoir du mien, en ce cas j'accompliray mon ouvraige cito, et, par ce moien, mon action me sera mieulx ouvert pour me faire paier du surplus quy me doit encoire retourner de ladit maison mortuaire. Asseurant mesdits seigneurs que, sur les premiers deniers qui viendront dudit surplus, il se remplacheront de ladit somme advanché, à quoy doiez et à présent pour lors je y consente premierrement et avant tout. Ce que faisant, j'espère que les bons désires de voz seigneuries pour l'achèvement dudit ouvraige me seront mieulx cognu que jamais, quy faict que je seray toujours disposé de satisfaire à tout leurs commandement. Attendant en bonne dévotion l'effect de ma présent prier et au plustôt, à cause que le temps s'en vat escoullant, je demeure,

Messeigneurs,

Vostre très humble et obéissant serviteur,

Adam LOTTMAN.

Vallenchiennes, le 5 juin 1645.

Au dos : A Messeigneurs,
Messeigneurs du Vénérable Chapitre
de St. Amé, à Douay.

(Archives du Nord. Fonds du chapitre de Saint-Amé de Douai. Portefeuille n° 29. Original sur papier en très mauvais état.)|

N° 30.

MONSIEUR,

Je prie très humble vostre Révérence de voloir adressé celle icy joingt au plutôt qu'il vous sera possible, afin que de brief que j'en puis avoir la responce; vous m'obligerés grandement. Si l'y a quelque chose que

je vous puis rendre service, il vous plaira de ne me poin esparnier. Finant,
je vous baise bien humblement les mains ; je me seigne comme je suis,
    Monsieur,

                De vostre Révérence, très humble serviteur,

                                Adam Lottman.

De Valenchienes, le 5 juin 1645.

                Au dos : A Monsieur,
        Monsieur Lespillet, prebstre, Secrétaire
                du vénérable Chapitre de
                St-Amé, A Douay.

(Archives du Nord. Fonds de la collégiale de Saint-Amé de Douai. Portefeuille nᵒ 29.
Original sur papier en mauvais état.)

                        Nᵒ 31.

Messeigneurs,

    J'ay receu les vostres responsives à mes derniers, bien marry de me
veoir jusquen icy frustré de mon attente; je vœux que voz révérences
n'aient entrevenues au contract fait par monsieur Pippre avec moy; sy est-
il pourtant que je ne doibs pas être rendu moins content et satisfaict de
mon œuvre et de mes livrances comme s'il étoit vivant en effect, comme
icelles sont jà faites et advanchée présentement. De dire partant, qu'il
ne me seroit deu aucune chose, c'est avoir peu de considération du contentement et satisfaiction entière promise par ledit contract à faict que mesdit livrances et (œuvres)[1] se feroient, non de merveille ; s'il est de nécessité que voz références me fâchent quelque advanchis, s'il elles ont désir
de veoir l'œuvres achevée, ce qu'il ne seroit pas besoing si ledit sieur
Pippre estoit vivant ou bien s'il n'eut laissé sa maison mortuaire enbrouil-
lié de la sorte. Ainsy tout au contraire, j'ay grande ocation de me plaindre
que je seray forché de laissé l'œuvre imparfaict sans me donner de paine,
sy voz révérence vouldroient agir contre moy, veu qu'en ce cas, il
convient qu'elles me feroient rendre satisfacte et content de mon œuvres
et de mes livrance qve j'ay faict jusques à présent faict à faict, suivant
mondit contrat, tellement que les trois cens floriens d'avanche que j'avois
demandé seroient encor peu de chose. Et cependant elles se peuvent assurer comme....... [2] suis porté de les servire estant de nécessité d'avoir de
l'advanchement réel de quelque somme oultre l'assistance de mains et de

[1] Partie détruite de la pièce.
[2] Partie détruite de la pièce.

bouche qui me sera aussy nécessaire, considéré la grande diffiguté de me faire dressé du reliqua qui me sera toujours deeu à cause de toutes les embrouillement des héritiers. S'il n'est doncque pas possible, tantmoins à ce qu'il trouve m'estre légitimement deu jusque à présent, de recepvoir tant peu de satisfaction et contentement, je seray aussy forché laisser le tout aux très pourveu discrétion de voz révérence. Néantmoins, je veux espérer enfin, après avoir bien le tout considéré, qu'elles s'efforceront de me faire furnir lesdit trois cens floriens pour fournir à mes fraix et à mes ouvriers au moins durant le temps que je parposeray mon œuvres ; si je n'en estois de tant incomodé, c'est à mon grande regret qu'il me convient les importuner. Sur ce, baisant très-humblement les mains, je me diray comme tousjours,

> Messeigneurs,
>
> De voz révérence, très-humble serviteur.
>
> Adam Lottman.

Vallenchienes, le 9ᵉ Juin 1645.

> *Au dos :* A Messeigneur,
> Méseigneurs doyen, chanoines du vénérable
> Chapitre de Saint-Amé, à Douay.

(Archives du Nord. Fonds du chapitre de Saint-Amé de Douay. Portefeuille nᵒ 29 ; original sur papier en très mauvais état.)

Nᵒ 32.

Messieurs,

Depuis vos derniers, je me scauroys pas davantage tesmoignier la bonne volonté que j'ay de pouvoir accomplir mon ouvraige, et puisqu'il ne plaist pas à voz seigneuries de me faire quelque advanche de leur propre comme je les avois requis, en fin que par excogiter un moien suyvant ce qu'elles m'ont tousjours promis de me prester main et bouche, car c'est labilite qu'à faulte de trois cent floriens j'en ay les mains lyées, et d'en poursuivre les héritiers de feu monsieur Pipre quy ont obtenu la provision au conseil de Malines. Je n'en ay pas encoire de titre exécutoire, tellement ce que monsieur Damiens en at faict jusques ors, ce at esté soubz son bon plaisir; maintenant qu'il ne venlt rien paier de bonne volonté paravant la matier principale widé : Or, comme, par mes descomptes, voz seigneuries scavent assez comme il m'est grandement et notablement deu, pour me prester doncques main et bouche, il conviendroyt qu'elle remonstricent à messieurs dudit Conseil, faute de satisfaction en mon endroit, l'incomodité qu'elle en rechoipvent. Et d'aultant que c'est une œuvres pieuse et laquelle menderait bien fort d'estre achevé ; requérir que ordonné que promptement et paravant la décision du prochés, soit furny audit trois cens floriens sur les biens de la maison mortuaire; car aultrement ledit sieur Damiens n'y satisfera pas; et sy cela ne nous sert de quelque chose, je ne scay pas aussy de ma part, quand à présent, par quelques aultres moiens je vous pouray servire et rendre satisfaict. Finisant par une très-humble requeste, j'attenderay les nouveaulx commandement de voz seigneurys, ausqueles, baisans très-humblement les mains, je leur demeure tousjours comme je suis,

    Messieurs,

        De voz Révérences, très-humble serviteur,

            Adam LOTTMAN.

Valenchienes, le 23 juin 1645.

        Au dos : A Messieurs,
    Messieurs doien, chanoines du Vénérable
        Chapitre de St-Amé, à Douay.

(Archives du Nord. Fonds de la collégiale de Saint-Amé. Portefeuille nᵒ 29 ; original sur papier en très mauvais état.)

Nᵒ 33.

MESSIEURS,

Je supplie très-humhlement voz Réverences de vouloir entrer en considération de ce que je doibt avoir mérité en l'accomplissement du doxal de leur église sy bien que je n'y tiens pas qu'elles y trouvent plus rien à parachever suivant le modèl qu'elles en ont chez elles, sur pied duquel je suis prest à toutte heur d'en faire la relivrance sy elles y veullent entendre. Au moins, j'ai prie la confiance de les supplier de plus, cependant qu'elles se poldront résoudre de me mander à ce, de m'envoier un act comment j'ay satisfaict à l'accort faict avec feu monsieur le Pippre à leur appaisement, affin de m'en pouvoir servire à Malines pour avoir ordonnance de paiement ; au lieu qu'il conviendroit servire, pardevant messieurs du Grand Conseil, vostre modèl principal, selon le soustenement de ses héritiers aians obtenus la provision. Je les supplie d'abonda..... encor très-humblement, qu'elles me veullent obliger de me faire, ce bien et l'honneur de m'envoier cedit act ou bien me mander au plus tost pour recepvoir ma relivrance, afin de m'en pouvoir servire au lieu de leur dit modèl principal sy en après elles désirent encoir de le retenir. C'est bien peu de chose pour me prester main et bouche ainsy qu'elles m'ont tousjours promis et que me pourra servire de beaucoup en cest occasion, laquelle me presse et est importante. Et la raison qui en veult que un mercenaire soit satisfaict de ses peines et labeurs comme moy, en la profession que je fay de demeurer tout ma vie,

Messieurs,

Vostre très-humble serviteur,

Adam Lottman.

Valenchiennes, le 7 décembre 1646.

Au dos : A Messieurs,
Messieurs du Vénérable Chapitre de
St-Amé, à Douay.

(Archives du Nord. Fonds de la collégiale de Saint-Amé de Douay. Portefeuille n° 29. Original sur papier en très mauvais état.)

N° 34.

Monsieur, je n'ay pas aussy voulu manqué d'adviser vostre Révérence que messieurs ne se doibvent pas tant esmervellier veu qu'il n'y at rien qui manque au parachèvement de leur doxal, mais si je doibs faire quelque crucifix, ce n'est pas pour l'adapter parce qu'il y seroit diforme trop bien en considération de leur vieux doxal qu'il m'ont laissé suivre et sy avant que j'en proufit. Pourquoy je seray tousjours prest d'achever ledit crucifix aultant et sy avant que je y suis oblegé. Sur ce, baisant les mains à mes dits sieurs et à vostre Révérence, me diray,

Messieurs,

Vostre très-humble serviteur,

Adam Lottman.

De Valenchiennes, le 8 juillet 1647.

Au dos : A Monsieur, Monsieur Lépillet,
Secrétaire du Vénérable Chapitre de l'église
Collégial de St-Amé, à Douay.

(Archives du Nord. Fonds du chapitre de Saint-Amé de Douai. Portefeuille n° 29. Original sur papier en mauvais état.)

N° 35.

Messieurs,

Pour tesmoingnyé la bonne volonté que j'ay tousjours eu de bien servire voz révérence et garder l'honneur d'icelles, craindant les moquerye qui podroient suivre voiant une telle indisproportion de poser sur un telle doxal de telles petites figures et fragille pour le crucifis, je me suis advisé pour satisfaire à mesdits seigneurs pour la mieulx : j'ay faict un crucifis de boys de la aulteur de six pied, qui est la haulteur d'un homme, laquel j'ay fort curieusement faict comme le doxal, comme pourés voire et ferés voir par gens à ce cognoissant; je l'a faict convenable pour joindre la croix derier là, l'image de nostre dame au millieu, et ne sera pas besoing de fair les imaiges de nostre dame et sainct Jehan d'aultant qu'il y sont jà. Je m'aseure que ledit crucifix sera fort agréable à mesdits seigneurs; et quand il plaira à mesdits seigneurs que je vey posser, il leur (plaira) de me fair furnir le bois pous fair la croix, car ledit crucifix vault 3 fois et davantaige que lesdits 3 figure. Subjet pour quoy je prie très-humblement que, quand j'aurais possée ledit cruxifix, qu'il plais à mesdits seigneurs de recevoir mon ouvraige par gens à ce cognoissans et me donner act autentique comman mon ouvraige dudit doxal est entièrement achevé et parfaict en suit de mon accord et de quoy elles se trouvent fort bien satisfaict et livré et appaisées, m'aseurant bien qu'elles considéront que je sois aydé de quelque part pour avoir paiement de mon deu. Sur ce, attendant l'honneur de leurs commandement, baisans très-humblement les mains, je suis,

   Messieurs,

     Vostre très-humble serviteur,

        Adam Lottman.

De Valenchiennes, le 7 d'aoust 1647.

     Au dos : A Messieurs,
     Messieurs du Vénérable Chapitre de
      St-Amé, à Douay.

(Archives du Nord. Fonds religieux. Chapitre de Saint-Amé, de Douai. Portefeuille n° 29. Original sur papier en mauvais état.)

N° 36.

Veu au grand conseil du Roy nostre sire, le différent sur requeste entre maistre Adam Lottman, sculpteur demeurant en la ville de Vallenciennes, suppliant, d'une part, et maistre Renon Damiens, consors, rescribens d'aultre. La court auparavant faire droict, ordonne aux parties de choisir experts pour faire deux délivrance à l'ouvrage du doxal mentionné audit différent, lesquels tiendront notte tant des defaults d'icelluy ouvrage que de l'empirement des matériaux, que par dylay survenu sy pourroint rencontrer, pour leur relation veue, estre sur tout disposé, comme en justice sera trouvé convenir. Et cependant ladite court condemne lesdits rescribens de paier, par provision et à causion audit suppliant, la somme de deux mils cent cinquante un flourins, dix sept sols restans pardessus lesdits paiemens que le suppliant confesse, par la spécification par luy exhibée, avoir receu des dix mils flourins accordez par feu maistre Jean Le Pippre, vivant chanoine de l'église collégialle de Saint Amé en Donay, pour ladit ouvrage. Sy condemne lesdits rescribens en deux tierces des dépens dudit différent ; réservant l'autre tierces en diffinitive. Prononcé à Malinnes, le IX⁰ de novembre 1647 [1]. Estoit signé : F.

(Archives du Nord. Fonds du chapitre de Saint-Amé de Donay. Portefeuille n° 29 ; copie sur papier en mauvais état.)

N° 37.

Exhibé par Le gay aux plaids du 1ᵉʳ d'apvril 1651.

Maistre Adam Lottman, demandeur sur exécution, procédant contre l'escript servy de la part des doien, chanoines et Chapitre de St.-Amé à Douay, adjournez et opposans, dict ce qui s'enssuit :

Scavoir de persister en l'exécution enccomenchée par l'huissier Jean Baptiste de Post, en vertu de la sentence donnée à son prouffict et à la charge de maistre Renon Damiens et consors le 13⁰ d'abvril 1650 et des lettres exécutorialles sur icelle dépeschées le 26⁰ dudict apuril, après préalable somation faicte au procureur des condamnez.

Enssamble ès fins et conclusions prinses de sa part audict jour servant nonobstant les raisons et moiens mis en avant pour les opposans au contraire, avecq leur escript d'opposation en six articles exhibé aux plaids du huictiesme d'octobre XVI⁰ cincquante, continué au cincquiesme de novembre enssuivan.

D'aultant que, selon les ordonnances du Grand Conseil, article deuxiesme, rubrice des exécutions des sentences, un huissier exécuteur peult vaillablement, après temps de la somation expiré, saisir, prendre et asseoir son exécution sur les plus apparans biens des condamnez, équivalens à la chose jugée, sans observer l'ordre du droict escript.

Principalement lorsque les condamnés ne luy administrent biens suffisans à l'advenant de la condemnation sur lesquelz ilz vouldroient souffrir l'exécution.

Laquelle administration n'ayante esté faicte par ledit maistre Arnould Damiens et consors, il est certain que bien at esté procédé par ledict huissier de Post à la saisie de la lettre de rente de deux mil flourins capitaux, trouvé soubz les adjournés opposans, s'y qu'ayante appartenu à feu maistres Jean Le Pippre jusques à son trespas.

Quy at obligé tous ses biens vers ledict Lottman pour l'érection du doxal dont at esté question.

[1] 3⁰, année 1651, renvoié ceste coppie et aultres pour taxer les despens.

Les ayant, par conséquent, transmis à ses héritiers avec ceste charge.

De manière que ceste rente, estant de l'hoirie du débiteur, faict à tenir pour bien saisie et prinse par exécution.

Sans que le créancier soyt tenu de discuter les héritiers, puisque son droict ne doibz en rien estre altéré ou diminué par ceste survenance des héritiers. L. 2, §§ IX. Sis. ff. de verb. oblig. L. pretorien. §§ incertain. ff. de pretore sy.....

Asscavoir quand le créancier s'addresse sur les biens héréditaires, considéré que le corps de l'hérédité doibt et les biens héréditaires sont directement affectez aux debtes du deffunct.

De tant mesmes que ledict Damiens n'at de quoy pour furnir au juge obres que on fust venu à la distraction de son bien moeuble.

Et d'ailleurs que sa sœur est demourante en la ville d'Arras.

Estant les aultres biens dudict feu Chanoine Le Pippre au pays d'Arthois, où icelluy huissier de Post ny aultres de ceste court (ausquelz seulement l'exécution compétoit pour l'exécuter en la forme) ne peuvent aller ny cheminer à raison des ennemis franchois, ainsy qu'il est assés notoir à un chacun.

Ce que doibt suffrir pour solution au premier article dudict escript d'opposition.

Quand au second article, se dict qu'il n'est de la cognoissance dudict Lottman sy le chanoine Damiens auroyt transporté aux opposans le cours de la rente saisie en question, tant et sy longtemps qu'ilz seroyent remboursez de huict cens flourins qu'ilz disent avoir advancé pour le doxal, saulf impertinence.

En tant que la propriété des deniers capitaux saisis se trouvent en la possession et *rière* les héritiers du deffunct chanoine Le Pippre, au moien du seul prétendu transport du cours d'iceulx denier capitaux.

Ce que s'accepte à prouffic « in quantum pro » et non plus avant.

Comme doyant le saisiment subsister pour le regard d'icelle propriété des deniers capitaux en question.

Et que le cours d'iceulx, si que seulement accessoir, doibt suivre son principal, pour l'advenir du moing.

Voeullant icelluy Lottman bien croire qu'avant que les opposans auroyent faict quelques menuts desbours reprins en leur descompte, icy joinct, par coppie authenticque, ilz avoient receu une lettre de huict cens flourins en capital que leur avoyt délivré le susdict Damiens pour le furnir à compte dudict doxal, qu'ilz n'ont faict qu'en détail et par pièches au tesmoignage dudict descompte.

Par lequel ilz cuident ledict Lottman leur estre redbvable de trois cens trente et un flourins.

Mais le regardant bien, ilz jugèrent que mal ilz ont faict leur compte et qu'il fault compter deux fois, à guise de cestuy qui compte devant son hoste.

Car les cent cinquante deux flourins receuz de feu monsieur Savary procédoient d'une pension qu'il debvoyt audict le Pippre et présentement audict Damiens et ses consors provisionellement adjugé, s'y que partie confesse par le troisiesme article de leur dict escript.

De façon qu'il ne seroyt plus redevable que de cent soixante dix-neuf flourins, desquelz quand ilz en feront demande, il leur allouera l'ex.

Sans que soubz ce prétexte ou de légataire ilz aient droict de retenir la lettre de rente en question puisqu'il est plus raisonnable qu'un créancier soyt plus tost dressé des biens héréditaires qu'un légataire, principalement là où aultres biens manquent et que les opposans sont mesmes obligés de donner audict Lottman assistence pour consuivre le paiement du reste à luy deu de l'œuvre du doxal.

Moiennant quoy, on débat ledict escript d'opposition par impertinence, frivolitez et dénégation, en persistant ès fins et conclusions prinses « apud acta », demandant despens avecq imploration du noble office de la court. Signé : Landsserre.

N° 38.

Monsieur, j'ay receu la vostre le jour d'avant hier en l'absence de mon mary, datté du 15 de l'an.

Je vous prie d'avoir un peu de patience : si to son retour qui sera en brief, Dieu aidant, il ne manquera vous respondre à ce que luy demandé; n'aiant aultre subjet sinon je me seigne,

> Monsieur,
>
> Vostre très humble servante,
>
> Anne ANDRIEU, femme
> à Adam LOTTMAN.

Valenciennes, le 20 de l'an 1649.

Au dos : A Monsieur,
Monsieur LEPILET Secrétaire du Vénérable
Chapitre de St-Amé, à Douay.

N° 39.

Monsieur, A mon retour, il y a 15 jours, je n'ay manqué de vous respondre; je suis émervellé que n'avès rien receu. Quand à la sédul que me
mandés, je ne vous puis nullement aider; comme vous me mandés que
je prend jour pour les pasque prochaine, car il at estés dit que je rendroy
ce que je doict au prime quand j'auray receu ce qu'il m'est encore deu
du doxal, mesmes messieurs du Chapitre sont obligé de me prester main
et bouche pour me fair paier de mon deu de celuy qu'il appartiendra.

Quand au compt joinct à la vostre, je trouve de l'abu. Premièrement,
vostre Révérence ne déba rien pour la frainte du plomb, qui est l'ordinaire de débatre 2 lt. au cens, et il y en at 714 lt., port.... 28 patars.

Plus, vous mettés que j'ay receu de l'option de monsieur chanoine de
Lanoy 168 florens 8 patars et n'ay receu que 166 florens 8 patar; tellement deux florens d'abus. Les deux parties port 3 florens 8 patars.

Quand à *les 152 florens que j'ay receu de monsieur chanoine Savary*,
je ne les puis poin tenir en compt à mesdit sieurs du Chapitre, d'aultant
que il vous souvien que monsieur Coppin et aultre chanoine, député de la
part desdits sieurs, ont adverty par lettre monsieur Crullé et monsieur
Damiens que j'avoys achevé mon ouvraige et que j'avoy receu dudit
sieur chanoine Savary ladite somme de 152 florens à leur descharge, tout
asseuré que lesdit sieurs Crulle et Damiens me les porterons en compt.
Tellement, je ne suis redebvable à mesdit sieurs que la somme de........
78 floriens 14 patar 3 liards. Laquel somme, je paieray lorsque j'auray
receu ce que il me revient encor du paiement dudit doxal, comme dit esté.

Quand à ce que me mendés que je vous envoy l'attestation du paintre
que il at albatré le repositoire du Saint-Sacrement de l'église de l'abay
d'Anchin, j'ay parlé à luy pour cest effect; il m'a dit que il ne puis attes-
ter avec asseurance sy, premièrement, mesdits sieurs luy font escrire de
quoy il se plainte que les figure de leur doxal ne sont point bien albatré,
car ledit paintre dit que celuy qu'il at albatré lesdits figure doigt ben scha-
voir comman il doibvent estre faict d'aultant que il at travaillé avec luy à
l'abay de Wicquoine où il ont albatré tout les Istoire de la vie Saint-Blase
qui sont autour de l'église. Si vous plaise d'escrire à quoy il manque que
lesdit figure ne sont poin bien albatre, je le communiqueray audit paintre, et lors il podra parler à celuy qu'il at albatré lesdit figure pour scha-
voir comman il les at faict; si l'y a quelque chose que il manque, je suis
tousjours prest de réparer la fauit quand je viendra à Douay pour graver
l'escritiau jà commenché. Attendant le commandement de mesdits sieurs,

je me seigne leur très-humble serviteur, et, à chacun en particulier, je demeure,

Monsieur,

De vostre Révérence, très-humble serviteur,

Adam Lottman.

De Valenchiennes, le 5 de febvier 1649.

Au dos : A Monsieur,

Monsieur Lepilet, prebstre, secrétaire du Vénérable Chapitre de St-Amé, à Douay.

(Archives du Nord. Fonds du chapitre de Saint-Amé de Douai. Portefeuille n° 29 ; original sur papier en très mauvais état.)

N° 40.

Messeigneurs,

Voz Révérence n'ignorent poin que j'ay tousjours esté leur très humble et fidelle serviteur et suis encoire ; icelle sait bien que j'ay entièrement satisfaict et de bon cœur en touts les points en quoy j'estoit obligé. Ce qu'il me faisoit espérer que mesdits seigneurs ne manquerieont aussy à leur obligation qui est de m'assister de mains et bouche tant seullement, pour avoir paiement de mon juste deu de leur doxal, légaté par feu...... [1] Pippre. Je croy que mesdits seigneurs n'ont point p......... [1] réflection sur leur dit obligation et promès faict et passé pardevant nottaire à Douay le huict juin 1644, qu'ils n'ont volu accepter l'offre que monsieur Damiens leur at faict en présence de l'huissier et moy estant au........ [1] ; scavoir que il - leur ont mis ès mains....... les triaige de la maison mortuaire dudit...... Pippre, son oncle, que il eucent à choisir....... d'icelles pour la valleur de celle de deux mille floriens qu'ils tient sur Jehan Legry. Soubz corection, mesdit seigneurs eucent bien faict d'accepter ladit offre et fair aporter par devant eux lesdit lettres en présence dudit huissier et de moy, encoir qu'il ne s'ent volu dégarnir de celle icy dessus. Aincy ieux poveu faire lever lesdit lettres par ledit huissier pour recouvrire paiement de ce que il m'est deu, pour par après estre vendu par décret ; ainsy mesdits seigneurs oucent pouveu estre satisfaicts de ce que il prétend ; et sy eut il satisfaict à leur dit promès et obligation à mon endroit, tellement je suis encore pauvre misérable, poursuivant à cause de ce que dessus et privé de ce que il m'apartient, de mes mises et labeur que j'ay faict à l'érection de vostre doxal, lequel vous en avès jouissance. Dont je prie très-humblement voz Révé-

---

[1] Partie détruite de la pièce.

rence et aultant qu'il m'est possible, de me vouloir assister affin que je puis avoir mon plain paiement ; il vous plaira de faire saisir et fair défense à Nicolas Marmouzet, maieur de cour St. Quentin, de ne paier la rente qui doict de 56 florens 5 patar par an aux héritiers provisionnelle dudit feu monsieur Pippre, ny aussy aulcune arriérage. La lettre de rent port en capital 900 florens.

Plus, Vaast Josse, bourgeois de Douay, doict aussy une rente de 34 florens 9 patar, par an ; la lettre de rent port en capital 550 florens ou environ ; il plaira aussy de la faire saisyr et faire défence, en mon nom, audit Vaaste Josse, de ne paier aux dit héritiers ladit rent ny arriéraige. Ce que lesdit debhoir coûteront, je vous les satisferay.

Je croy que mesdit seigneurs retient encore la pention de feu monsieur Savary ; il pléra de faire de mesme, de la fair saisir. Sans doute, icelles savent bien où il y at encor d'aultre rente ou héritaige apartenant à ladit maison mortuaire, qu'elle peuvent ausy fair saisir tout les revenu pour avoir mon plain paiement comme dit est, en vertu des sentence que j'ay obtenu à Malinnes, qui port 2641 floriens 17 patar. En ce faisant, icelles s'acquiteront de leur promès et m'obligeront de demeurer comme je suis.

Messeigneurs,

Vostre très-humble serviteur,

Adam LOTTMAN.

P. S. Je prie très-humblément voz Révérence de me honnorer d'un mot de responce.

De Valenciennes le 25 d'aoûst 1650.

Au dos : A Messeigneur,

Messeigneurs doien et Chanoine du Vénérable Chapitre de l'église Collégial de St-Amé, à Douay.

(Archives du Nord. Fonds du chapitre de Saint-Amé de Douai. Portefeuille no 29. Pièce originale sur papier en très mauvais état.)

Nᵒ 41.

MONSIEUR,

Avant hier j'ay advisé Messieurs du Chapitre qu'ils avoient gaignez leur procès, conformément leur intention, avecq despens à la charge d'Adam Lotman, quy at esté plus dompté qu'un fondeur de cloches. Mais quoy ! luy quy n'est non plus scavant que ce qu'on luy faict entendre, il veoit par effect que la raison tient la passion sur pied ; et pour ce regard il payera les pots cassez, nonobstant que son procureur avoit bien faict son compte, aultrement......... m'avoir ouy (comme l'on dit). Au surplus, les espises, y comprins le dictum, *porte 31 florins quelque solz* de permission. Vous priant de me renvoyer les copies des productions que partie a faict, affin qu'elle nous paye la valeur d'icelles, et parmy ce, je demeure des Messieurs et de vous.

Monsieur,

Très-humble serviteur,

F. Dubois, au nom de Desgrousiliers.

Malines, ce 26 de Juillet 1651.

Au dos : A Monsieur,

Monsieur Lespillet, secrétaire du Chapitre de St-Amé, demeurant chez maistre amis à Douay.

(Archives du Nord. Fonds du chapitre de Saint-Amé de Douai. Portefeuille n° 29. Original sur papier en mauvais état.)

N° 42.

MES SEIGNEURS,

Il est venu un huissier extraordinaire de Malines avec un exécutorial, que le procureur Degrousilier lui at mis ès mains, pour m'exécuter, pour la taxe de dépens touchant le différent de la lettres de rente de deux mille florèns. Comme je suis maintenant réduy au petie pied, à cause du temps et de mon grand éage, et avoir mis touts ma substance à l'érection de vostre doxal, et le peti rest que j'avois à la poursuit de mon juste deu dudit doxal; après longue poursuit, enfin j'ay obtenu que l'on m'ent à páié avec despens. Et depuis l'on m'a renvoyé de Caïf à Pilate, non sans grand fraix et non sans recevoir, sinon ce que scavés de la pension. Avec ce, j'ay paié à Douay les debtes que j'avois faict durant l'érection dudit doxal, et maintenant je ne say sur qui ny sur quoy m'adresser pour avoir mon dou, à cause de l'insolvence de monsieur Damiens et sa sœur et nepveux demeurent en Arras; tellement je demeure pauvre misérable, poursuivant en mes viès jours et ma substance est à vostre *esglise?...* n'eut esté que monseigneur le prélat de Saint-Bertin at eu compasion de moy à cause du fidelle service que j'ay faict aultres fois comme je vous ay faict, je seroy bien misérable, tellement que ledit sieur prélat m'a donné, ma vie durant, une maison, jardin et autre bénéfice pour moy vivre avec ma femme, et il se serve encor de moy pour fair des pourtraict pour les ouvraiges que il préten faire avec le temps. Et comme je n'ay maintenant

poin d'argent ny aultre chose pour satisfaire à ladit tauxe, ledit huissier
me menace de me fair prisonnier : ce seroit pour parfair le comble de
mes malheur pour vostre doxal et un grand débonneur pour voz seigneurie. Je ne me peult persuader qu'elles soient si cruelle qu'elles auroints
donné telle charge audit huissier. Je croy que ç'at esté ledit Degroussilier
qui l'a faict de son auctorité; dont je prie très-humblement mesdits seigneurs d'avoir patience ausi bien que moy jusque je puis rechevoir, pour
Dieu, me prester main et bouche pour avoir mon payement : je vous
promet de vous donner satisfaction. Finant, je prie de rechef voz seigneurie qu'elles veulent user de l'œuvre de miséricorde, de me faire l'honneur
de m'envoié un mot de responce par le retour de ce porteur, afin de contenter ledit huissier, que il ne malesfoit et crain qu'il m'afronte, car il
ne prende cognoissance de cause. En attendant, je me seigne comme je
suis,

    Mes Seigneurs,

        Vostre très-humble serviteur,

            Adam Lottmann.

De Saint-Omer, le 12 d'octobre 1654.

      Au dos : A Messieurs,
    Messieurs doien, chanoine de l'église collégial
        de Saint-Amé, à Douay.

(Archives du Nord. Fonds du chapitre de Saint-Amé de Douai. Portefeuille n° 29; original sur papier en très mauvais état.)

N° 43.

Messieurs,

J'ay receu celle qu'il a plu à voz seigneuries de faire escrir, dattée du
22e may. Je prie de vouloir excuser que je ne vous ay poin respondu par
le retour de la mesager, c'est à cause de mon indisposition. Quand à les
cent et septante neuf florins que je vous doict selon le contenu de nostre
conte, faict le deuxiesme de janvier 1650, et les cent cienquante deux i
mentionné de monsieur Savary, je les ay tenu en conte à les héritiers de
feu monsieur Pippre, comme monsieur Renon Daniiens vous le peut tes-
moigner tellement. Je ne vous doict que lesdits 179 florins et soixante-trois
florins de la taux de dépens que scavés, font ensemble deux cent quarante deux florins 18 patárs, laquel somme j'ay tousjours esp(éré) que
me l'euxiés quicté pour le bon....... que je vous ay rendu à l'érection de v(ostre) doxal et agrandissement des matériaux qu'ils faulu faire

à cause que me l'avés faict poser en un aultre lieu qu'il m'avoit esté déseigné quand je l'ay marchandé, agrandissement à l'advenant du marché faict avecq feu monsieur Pippre, port à la somme de onze cent quarante florins et plus. A la vérité ce me sera une chose fort trist s'il faut que je paie telle somme, et avés veu toutes les peine et misère que j'ay eu en posant ledict doxal et que je suis encor pauvre misérable poursuivant pour avoir mon juste deu ; quand à la vérité de la peution de monsieur Savary, j'ay eu, après touts dépens paié, environ cent et cincquante florins avecq lesquelles j'ay paié les debte que j'avois faict en travailliant à vostre dit doxal, tant au mason, potier pour les carriau, et aultre chose nécessaire à ladit érection ; quand à la rente de Vaasse Josse que les héritiers dudit sieur Pippre m'ont transporté, celà ne touche poin à mon principal. C'est pour la taux de dépens du procès qu'il m'a faulu soutenir pour garder mon droict, qu'il me coûte deux fois d'avantage, et peu d'aparence de povoir avoir encor quelque chose, d'aultant touts les biens des Damiens sont subject à fidei commis, comme il l'a monstré par le testament de feu leur père et mère. Ainsy je suis errant de part et d'aultre et personne qu'il m'assiste ; voz seigneuries m'avoit promis de me prester main et bouche pour consuivre mon paiement et il ne le font poin. Je récite touts ce que dessus afin que voz seigneuries vienne à considérer en quel estat que je puis estre d'estre ainsy affligé après tant de peine mis et labeur, comme dict est, et en ma grand vieillès et presque tousjours détenu au lict ; de plus, je prie très-humblement la bonté de voz seigneuries de me faire quelque modération sur ladit somme de 242 florins 18 patars que je vous doict et me le fair aviser par le premier afin de donner ordre pour vous donner contentement du rest ; plus il faut aussy considérer que l'arjent alloit au ault crie (*sic*) ; il est ordonné par le placart débatre 38 pour cent. M'aseurant que ne manquerés de considérer tout ce que dessus, qu'arés pitié de moy. En attendant un mot de responce, je baise les mains à voz seigneuries, je me seigne comme je suis,

    Messieurs,

Vostre très-humble serviteur,

Adam Lottman,

A Omer, le..... 58.

Touchant les cent et cinquante deux florins que j'ay receu de monsieur Savary, je les ay tenu en compt à les héritiers de monsieur Pippre, comme monsieur Renon Damiens vous peut..... [1] tesmoignié, voz seigneuries luy podrons fair demander, et mesme monsieur chanoine Copin leur

---

[1] Partie détruite de la pièce.

ai escrit de la part du chapitre comme j'avois receu telle somme en tantmoins de ce que lesdit héritiers me povoient être redevable.

Au dos : A Messieurs,
Messieurs du vénérable chapitre de l'église
collégialle de Saint-Amé, etc., à Douay.

(Archives du Nord. Fonds religieux. Chapitre de Saint-Amé de Douai. Portefeuille
n° 29. Original sur papier en très mauvais état.)

N° 44.

MONSIEUR,

Salut et bien vous soit. Un certain home m'a aporté une lettre de sai-
sisement qui me dit que luy aviés mis ès mains pour me l'adresser, et me
dict aussi que luy avés dit que vous estiés mòn amis, dont je vous remercy
de vostre bienveulliance. Pour advisé, je ne doict poin d'avantaige à messieurs du Chapitre de Saint-Amé que huictante neuf florins quatorze
patar provenant de viel bois et vielle plompe que j'ay apliquer à leur doxal
et quelque argent qu'il m'ont avancé en travaillant audict doxal pour paier
les ouvriers, tellement je ne leur doict en touts, tant de bois, plomb que
argent avancé que la somme de cent et septante neuf floriens et l'argent
(haut prix) alloit au *aut crie ;* partant il me doict quelque diminution.
J'ay tousjours espéré que la bonté desdit sieurs du chapitre m'eut quicté
ladit somme pour l'augmentation et agrandisement que j'ay faict à leur
doxal, qu'il at esté extimé par des expert sculpteur, trouvé que ladit
augmentation carcullé par des expert archemétisiens, à l'avenant du mar-
chez que j'ay fait avec monsieur Pippre, porte à la somme de onze cens
quarante floriens. Or depuis il esté arrivé, par un abus d'un huissier de
Malines, qu'il avoit saisy une lettre de rente qui est ès mains desdit sieur
du Chapitre, lequel est légat ; la court at ordonné qu'il fauloit dixcuter
les héritiers dudit sieur Le Pippre avant venir au légat, tellement j'ay esté
condampné, tellement je doit la taux dudit abus qui port soixante trois
florins 18 patars, qui port tout ensemble deux cent quarante deux florens 18 patar. J'ay escrit audit sieurs du chapitre tout ce que dessus
afin qu'il la vient à considérer et ay prié leur bonté que, si ne me
veullent tout quicté, du moins qu'il me veullent fair quelque modération ; et sito leur advise, je donneray ordre de leur donner contement.
Je vous envoy cest copie autentique du compte et serment, par où vous
cognoistrès la vérité. Je ne veult avoir diffigulté avecq lesdit sieurs ; si
l'i at eu diffigulté, sa esté par abus comme dit est. Je vous prie de leur
communiquer ce que dessus et ledit compte, et m'aviser ce qu'il auront

respondu par le retour de cest porteres et tous les debvoirs que ferés pour moy, je vous donneray bon contentement. Je vous prie de me vouloir excuser que je ne vous ay respondu par cestuy qui m'a porté ladit lettre, c'est à cause de mon indisposition grand ; je luy ay baillé une lettre qui étoit escrit avant son arivé pour adresser à lesdit sieurs du chapître. N'aiant aultre subjet pour le présent, sinon j'entendray votre nouvelle comme dit est. Vous baisant très-humblement les mains, je prie nostre bon Dieu vous maintenir en ses saint grâces, je me seigne,

     Monsieur,

Votre très-humble serviteur,

Adam LOTTMANN.

De Saint-Omer, le 5 de juin 1658.

P. S. — Monsieur, je vous escrit comme à un amis et que je ne cognois poin, et plus je trouve un autre abus au requelle (?) de ce compte où de 242 florens 18 patar que je doit, je ne debveroit que 240 florens, 18 patars. C'est bien peu pour lesdit sieurs de me quicter ladit somme au regarde de ladit augmentation qui port 1141 florens. J'ay encor espoire à la bonté desdit sieurs. Au rest, je le laisse à leur discrétion et à la providence de nostre bon Dieu.

Au dos : A Monsieur,
Monsieur maistre Noël Le Brin, procureur, à Douay.

(Archives du Nord. Fonds du chapitre de Saint-Amé, de Douai. Portefeuille n° 29 ; original sur papier en mauvais état.)

PARIS

TYPOGRAPHIE DE E. PLON, NOURRIT ET Cie

Rue Garancière, 8.